U0114565

蕭繼宗教授評點校注

花間集

臺灣學生書局印行

三版題記

前年　幹公吾　師八秩嵩壽時，心頭曾飄過一絲驚懼——歲月不饒人，吾　師已如此高齡了！所幸吾　師看上去雖清癯文弱，但身體健朗，精神矍鑠，動作俐落，神采飛揚，一如廿多年前我初進東海大學中文系就讀時所看到吾師的那般模樣，眞的，我從不覺吾　師「老之將至」，我總覺吾　師必能福壽綿延，長命百歲！豈料今年驚蟄之後，吾　師突遭險凶，溘然長逝，宛如晴天霹靂，令人悲慟不已！始知多年來的沐浴春風，是何等的幸運，而年近五十尚有老師指導迷津，又是何等的福氣！今痛失良師，愴然之情，無以名狀矣！

吾　師天賦異秉，才華橫溢，終其一生沈潛詩文，浸淫書畫，陶然於斯，樂哉於是！於中國古典文學中，獨鍾於「詞」，夙有「詞宗」之稱。身後幸師母心堅志強，節哀順變，勉力整理吾　師遺著舊作，發現吾　師評點校注之「花間集」二版已售罄，擬再出「三版」，囑余撰寫題記，聊備一格。余自覺淺陋，不佞不才，恐有傷吾　師之令名，遲不敢提筆，在師母催促之下，只好遵命爲之。自師母處取得吾師一、二版親筆校對之

「花間集」，發現吾　師精研詞學之餘，對於古籍之評點校注，尤其仔細周密，可謂鉅細靡遺，以精確爲要。故三版「花間集」，經吾　師之補充、修訂，内容更爲詳實豐富矣！

展讀吾　師朱筆墨跡，猶聆謦欬之聲，雖不勝唏嘘慨歎，然「典型在夙昔」，相信吾　師遺著必能接續傳世，在中國文學史上占一席之地，當指日可待，無待乎蓍龜矣！

受業 **談海珠** 謹誌
八十五年六月

再版題記

初余評校花間集，興會所至，雜綴於篇。自知無當於鑒衡，意必貽譏於大雅。顧自梓行以來，海內同文，尚多謬賞。吾道不孤。於心滋慰。劉彥和云：「無私於輕重，不偏於愛憎。」知音其難，不其然與？

今當再版之日，既訂初刻之訛文，復贅數言於是，以志吾感。

中華民國建國七十年國慶日蕭繼宗於台北廌廬

自序

花開爲詞集之祖，自來作家，莫不覽誦。探源星宿，仰止岱宗，殆若不可幾及；卽有品衡，率視衆作爲一篇，諸家爲一手。玩物者惟采擷其芳馨，尊體者則侈陳其寄託。定評眞賞，夐矣希聞。

近日講論之餘，偶取陳編，逐一披覽。粗加點校，次以論析。自忘固陋，妄有短長，求當吾心而已。蓋一人之私言，而欲盡洽乎衆心，吾知其必不可得也。

六十四年五月幹侯蕭繼宗序

例言

一、本書共選唐五代詞人十八家之作，凡五百首。舊刻以每卷五十首爲率，皆分十卷，致一家之詞，時割數首分入前後卷中，覽者不便。玆編不復分卷，止按原書順序依家數通排，以清眉目。

二、柳枝竹枝之屬，原本七言絕句，無庸闌入詞中。惟原書既已列入，姑仍其舊，但不復加評。

三、刻本向不分句，排印本始有加標點者，然亦時有出入。玆編以△代仄韻，以⊙代平韻，以、代無韻之句，使讀者粗知各篇結構而已。欲求其詳，須參閱譜書，不復瑣注。至於分段分句，或與他本異者，則出自私見，間於校記或按語中疏說之。

四、校記大體采近人所編「宋紹興本花間集附校注」一書，由學生張台萍碩士任其役；至於斟酌抉擇，則取決鄙見，要以異同在疑似之間者，始加校定；若異文顯爲譌誤，或義同字異者，不復毛擧，徒滋眩亂。

五、篇中文字雖各本全同，無從校勘，而實有可疑，又爲人所易忽者，輙爲拈出，於校記或按語中述之。

六、花間集成書甚早，論及者至多，然大都爲總論性質，止觀大要；或偶引斷章片語，聊資稱賞。實無助於各詞之論析。玆編所集評語，分篇附列，勢難求備，亦取其習見者耳。

七、各詞中所用辭彙，偶有初學所不解者；或字音異讀，易滋歧誤者，特加「音釋」，以助欣賞。

花閒集原敍

後蜀　武德軍節度判官歐陽　烱撰

鏤玉雕瓊，擬化工而迥巧；裁花翦葉，奪春豔以爭鮮。是以唱雲謠則金母詞清；挹霞醴則穆王心醉。名高白雪，聲聲而自合鸞歌；響遏行雲，字字而偏諧鳳律。楊柳大隄之句，樂府相傳；芙蓉曲渚之篇，豪家自製。莫不爭高門下，三千玳瑁之簪；競富樽前，數十珊瑚之樹。則有綺筵公子，繡幌佳人，遞葉葉之花牋，文抽麗錦；擧纖纖之玉指，拍按香檀。不無清絕之詞，用助嬌嬈之態。自南朝之宮體，扇北里之倡風。何止言之不文？所謂秀而不實！有唐已降，率土之濱，家家之香徑春風，寧尋越豔？處處之紅樓夜月，自鎖常娥。在明皇朝，則有李太白應制清平樂詞四首。近代溫飛卿復有金荃集。邇來作者，無愧前人。今衞尉少卿字宏基，以拾翠洲邊，自得羽毛之異；織綃泉底，獨殊機杼之功。廣會衆賓，時延佳論。因集近來詩客曲子詞五百首，分爲十卷。以烱粗預知音，辱請命題，仍爲敍引。昔郢人有歌陽春者，號爲絕唱，乃命之爲花間集。庶（注）使西園英哲，用資羽蓋之歡；南國嬋娟，休唱蓮舟之引。時大蜀廣政三年夏四月日敍。

（注）各本「庶」字下有「以陽春之甲將」六字，文義扞格，必有訛漏，依南宋淳熙鄂州册子紙印本删去。

評點校注 花間集 目錄

皇甫松　十二首

韋莊　四十八首

薛昭蘊　十九首

牛嶠 三十二首

張泌 二十七首

毛文錫　三十一首

牛希濟　十一首

歐陽炯　十七首

和凝　二十首

顧敻　五十五首

孫光憲　六十一首

魏承班　十五首

鹿虔扆　六首

閻選　八首

尹鶚 六首

毛熙震 二十九首

李珣　三十七首

花間集

後蜀銀青光祿大夫行衛尉少卿趙崇祚宏基綜輯

湘鄉蕭繼宗幹侯評點校注

溫助敎 庭筠

六十六首

溫庭筠者，太原人。本名岐，字飛卿。大中初應進士，苦心硯席，尤長詩賦。初至京師，人士翕然推重。然士行塵雜，不修邊幅。能逐絃吹之音，爲側艷之詞，公卿家無賴子弟裴誠令狐縞之徒，相與蒱飲酣醉終日，由是累年不第。徐商鎮襄陽，往依之，署爲巡官。咸通中失意歸江東，路由廣陵，心怨令狐綯在位時不爲成名；旣至，與新進少年狂遊狹邪，久不刺謁。又乞索於楊子院，醉而犯夜，爲虞候所擊，敗面折齒。方還揚州，訴之令狐綯。捕虞候治之，極言庭筠狹邪醜迹，乃兩釋之。自是汙行聞于京師，庭筠自至長安，致書公卿間雪寃。屬徐商知政事，頗爲言之。無何，商罷相出鎮，楊收怒之，貶爲方城尉，再遷隋縣尉，卒。子憲以進士擢第，弟庭皓，咸通中爲徐州從事節度使，崔彥曾爲龐勛所殺，庭皓亦被害。庭筠著述頗多，而詩賦韻格清拔，文士稱之。

附錄：

庭筠才思豔麗，工於小賦。每入試，押官韻作賦，凡八叉手而八韻成。時號溫八叉。多爲鄰鋪假手，日救數人。李義山謂曰：「近得一聯句，『遠比趙公，三十六年宰輔』，未得偶成。」溫曰：「何不云，『近同郭令，二十四考中書』。」宣宗嘗賦詩，上句有「金步搖」未能對，遣求進士對之。庭筠以「玉條脫」續之，宣宗賞焉。又藥名有「白頭翁」，溫以「蒼耳子」爲對，他皆類此。全唐詩話

集評：

庭筠工於造語，極爲綺靡。苕溪漁隱叢話

溫詞極流麗，宜爲花間集之冠。唐宋諸賢絕妙詞選

溫韋豔而促。黃九精而刻。長公麗而壯。幼安變而奇。皆詞之變體也。弇州全集

自唐之詞人，李白爲高，而溫庭筠最高，其言深美閎約。張惠言詞選序

詞有高下之別。飛卿下語鎭紙，端己揭響入雲，可謂極兩者之能事。皋文曰：「飛卿之詞，深美閎約。」信然。介存齋論詞雜著

溫飛卿詞，精妙絕人。然類不出乎綺怨。藝概

飛卿詞全祖離騷，所以獨絕千古。白雨齋詞話

唐代詞人，自以飛卿爲冠。白雨齋詞話

杜陵之詩，包括萬有，空諸倚傍，縱橫博大，千變萬化之中，却極沈鬱頓挫，忠厚和平，此子美之所以橫絕千古，無與爲敵也。求之於詞，亦未見有造於此境者。若飛卿詞，固已幾之矣。白雨齋詞話

張皋文謂飛卿之詞，「深美閎約」。余謂此四字惟馮正中足以當之。劉融齋

謂飛卿詞「精妙絕人」，差近之耳。人間詞話

少日誦溫尉詞，愛其麗詞綺思，正如王謝子弟，吐屬風流。嗣見張陳評語，推許過當，直以上接靈均，千古獨絕。殊不謂然也。飛卿爲人，具詳舊史，綜觀其詩詞，亦不過一失意文人而已。寧有悲天憫人之懷抱？昔朱子謂離騷不都是怨君，嘗歎爲知言。以無行之飛卿，何足以仰企屈子。其詞之艷麗處正是晚唐詩風，故但覺鏤金錯彩，炫人眼目，而乏深情遠韻。然亦有絕佳而不爲詞藻所累，近於自然之詞，如夢江南更漏子諸闋，是也。栩莊漫記

菩薩蠻　其一

小山重疊金明滅△　鬢雲欲度香顋雪△　懶起畫蛾眉⊙　弄妝梳洗遲⊙　照花前後鏡△　花面交相映△　新帖繡羅襦⊙　雙雙金鷓鴣⊙

音釋：

小山：小山二字，注家多誤解。或謂「山」爲「屏山」，則所謂「金明滅」者，指屏上之畫，金碧相映耳，句意似通。然按以全文，則辭意不屬。全詞寫美人妝裹，如「鬢」，如「顋」，如「眉」，如「面」，皆不外此，如首句單說屏風，幾於全不相關矣。或謂「小山」謂「

眉」，似近情理；但兩眉何至「重疊」？若謂「重疊」屬「金」，則古人無以黃畫眉者。況下文又提及「蛾眉」，飛卿詞筆，何至窘複如是？按詞中以「山」狀物者有四：曰「山屏」，亦曰「屏山」；曰「山眉」，亦曰「眉山」；曰「山枕」，亦曰「枕山」；曰「山額」，亦曰「額山」。此處「小山」謂「山額」也。飛卿詩照影曲云：「黃印額山輕爲塵」。又菩薩蠻詞：「蕊黃無限當山額。」一用「山額」、一用「額山」，皆謂美人之額耳。至於所謂「金明滅」，唐宋人以黃塗額，略似今日之印度女妝。飛卿詩：「柳風吹盡眉間黃」，又：「額黃無限夕陽山」，又牛嶠女冠子：「額黃侵膩髮」可證。又毛熙震女冠子：「脩蛾慢臉，不語檀心一點——小山妝。」蓋當時婦人眉間點黃，詞人或用「金」，或用「檀」，或用「蕊」，皆狀其黃耳。李後主一斛珠：「晚妝初過，沈檀初注些兒個。」李珣浣溪沙：「翠鈿檀注助容光」，皆謂眉間之黃。又周邦彥瑞龍吟：「侵晨淺約宮黃」，用「點」，用「注」、用「約」，可知層層塗染爲一圓點，正中最濃，四周漸勻漸淡，詞中「重疊」二字，可得的解。至於「小山」之「小」字，初看似尚未安，實則古人審美，以婦人額小爲美，如王鼎一半兒曲：「鴉翎般水鬢似刀裁，小顆顆芙蓉花額兒窄。」可知前人重視「窄額」，若寬顙隆額，則偉丈夫矣。

帖：熨也。**〔杜甫白絲行〕：美人細意熨貼平，字作貼，義同。**

集評：

此章從夢曉後領起。嬾起二字，含後文情事。照花四句，離騷初服之意。詞選

菩薩蠻更漏子諸闋，已臻絕詣，後來無能爲繼。白雨齋詞話

以士不遇讀之最確。「嬾起畫娥眉」句是起步。詞辨

所謂沈鬱者，意在筆先，神餘言外，寫怨夫思婦之懷，寓孽子孤臣之感，凡交情之冷淡，身世之飄零，皆可於一草一木發之。而發之又必若隱若現，欲露不露，反復纏綿，終不許一語道破。匪獨體格之高，亦見性情之厚。飛卿詞如「嬾起畫娥眉，弄妝梳洗遲。」無限傷心，溢於言表。又「春夢正關情，鏡中蟬鬢輕。」淒涼哀怨，眞有欲言難言之苦。又「花落子規啼，綠窗殘夢迷。」又「鸞鏡與花枝，此情誰得知。」皆含深意。此種詞第自寫性情，不求勝人，已成絕響。後人刻意爭奇，愈趨愈下。安得一二豪傑之士，與之挽回風氣哉！白雨齋詞話

小山當即屛山，猶言屛山之金碧晃靈也。此種雕鏤太過之句，已開吳夢窗堆

刻晦澀之徑。新貼繡羅襦二句，用十字止說得襦上繡鷓鴣而已。統觀全詞意，誤之則盛年獨處，顧影自憐，抑之則侈陳服飾，搔首弄姿。「初服之意」，蒙所不解。栩莊漫記

宗按：

自皋文倡言比興，亦峯標舉沈鬱，遂使古人詞旨，盡如霧豹雲龍，不可捉摸。花間諸作，命意甚明，遣辭非晦，而一經此輩強辭曲解，深文羅織，將無作有，幻實為虛，舉凡閨帷閒冶之思，倡女逢迎之語，無不以孤臣孽子怨悱忠愛之情釋之。此輩強作解人，如中魔魘，喃喃囈語，累卷不休，後人震於其說，信為幽深莫測，和而張之，蒸為瘴霧，歷久不散。試以飛卿此詞而論，只寫婦人曉妝，本無深意，何有於怨悱？何關於初服？況飛卿為人，亦跅弛無行士耳，有何忠愛可言？謂為美人香草，竊比靈均，其誰能信？以後此等夢囈，聊亦隨文附錄，不復一一駁正，讀者自能喻之。漫記所云，庶幾近理，惟小山之義，則顯為誤解，已於注中辨之矣。

菩薩蠻　其二

水精簾裡頗黎枕△暖香惹夢鴛鴦錦△江上柳如煙⊙雁飛殘月天⊙藕絲秋色

淺△人勝參差剪△雙鬢隔香紅⊙玉釵頭上風⊙

音釋：

頗黎：頗，音ㄅㄛ，亦作玻瓈，卽玻璃。〔本草玻璃〕釋名，頗黎，水玉。時珍曰：本作頗黎，國名也，其瑩如水，其堅如玉，故名水玉，與水精同名。〔玄中記〕大秦國有五色頗黎，以紅色爲貴。〔梁四公記〕扶南人來賣碧頗黎，鏡內外皎潔，向明視之，不見其質。〔鐵圍山叢談〕御庫有頗黎母，乃大食所貢。〔韓愈遊青龍寺詩〕二三道士席其間，靈液屢進頗黎盌。〔李商隱詩〕唱盡陽關無限疊，半杯松葉凍頗黎。

藕絲：〔李賀天上謠詩〕：粉霞紅綬藕絲裙。〔王琦集解〕粉霞，藕絲，皆當時彩色名。

人勝：爲人形之首飾物也。〔荊楚歲時記〕正月七日爲人日，剪綵爲人，或鏤金薄爲人勝，以貼屛風，亦戴之頭鬢。

集評：

王右丞詩：「楊花惹暮春」，李長吉詩：「古竹老稍惹碧雲」，溫庭筠詞：「暖香惹夢鴛鴦錦」，孫光憲詞：「六宮眉黛惹春愁」，用「惹」字凡四，皆妙絕。丹鉛總錄

「夢」字提。「江上」以下，略敘夢境。人勝參差，玉釵香隔，言夢亦不得到也。詞選

飛卿菩薩蠻云：「江上柳如烟，雁飛殘月天。」更漏子云：「銀燭背，繡簾垂，夢長君不知。」酒泉子云：「月孤明，風又起，杏花稀。」作小令不如此着色，便覺寡味。蓮子居詞話

江上二句佳句也。好在全是夢中情況，便覺綿邈無際。若空寫兩句景物，意味便減。悟此方許爲詞。不則金氏所謂雅而不艷，有句無章矣。白雨齋詞話

「暖香惹夢」四字與「江上」二句均佳，但下闋又雕繢滿眼，羌無情趣，即謂夢境有柳煙殘月之中，美人盛服之幻。而四句晦澀已甚，韋相便無此種笨筆也。栩莊漫記

宗按：

柳烟雁月，造境奇佳。謂爲夢境，則皋文亦峯曲爲之說耳。若然，則下文必須點

醒方是，漫記識其晦澀，蓋姑信其說也。實則不獨人未入夢，亦未就枕交睫。所謂惹夢云者，不過晶簾舊枕，繡被餘香，惹人魂夢，往事縈懷而已。全詞通貫，初無扞格。一經此輩盲目捫搎，翻成語障，致使知言如栩莊尚漫信而譏溫詞爲笨筆，其貽誤初學，更何待言！至於升庵極言「惹」字之妙，彼亦自言之耳，不足深論也。

菩薩蠻　其三

蕊黃無限當山額△宿粧隱笑紗窗隔△相見牡丹時⊙暫來還別離⊙　翠釵金作股△釵上蝶雙舞△心事竟誰知⊙月明花滿枝⊙

音釋：

蕊黃：謂黃如花蕊之色。

山額：見前「小山」注。

股：釵，以金作二股扭成之。

校記：

釵上蝶雙舞句，毛本作雙雙，王本作雙蝶。「雙雙」不辭。作「蝶雙」，「

蝶」以入作平，差可。

集評：

以一句或二句描寫一簡單之妝飾而其下突接別意，使詞意不貫，浪費麗字，轉成贅疣，爲溫詞之通病。如此詞翠釵二句是也。栩莊漫記

宗按：

由「蝶」之「雙舞」，聯想至人之「別離」，亦未嘗「不貫」，但恨其水清無魚耳。

菩薩蠻　其四

翠翹金縷雙鸂鶒△　水紋細起春池碧△　池上海棠梨⊙　雨晴花滿枝⊙　繡衫遮笑靨△　烟草黏飛蝶△　青瑣對芳菲⊙　玉關音信稀⊙

音釋：

翠翹：婦人之髮飾。〔山堂肆考〕：翡翠鳥尾上長毛曰翹，美人首飾如之，因名翠翹。

鸂鶒：音ㄒㄧ　ㄑㄧˋ，水鳥名。〔**陳藏器本草**〕：**鸂鶒，水鳥，形如小鴨，毛有五采**。〔**謝靈運鸂鶒賦**〕：覽水禽之萬類，信莫麗於鸂鶒。此謂金飾水鳥之形。

海棠梨：即棠梨，植物名，亦名野梨，薔薇科。〔王周宿疎陂驛詩〕秋染棠梨半夜紅，荊州東望草平空。

煙草：泛指花草。

青瑣：謂門。〔漢書元后傳注〕：青瑣，以青畫戶邊鏤中。師古曰：青瑣者，刻爲連瑣文，而青塗之也。

玉關：玉門關也。在今甘肅省敦煌縣之西，陽關之西北。

校記：

玉關毛本作玉門。

宗按：

閨人念遠，亦「陌頭楊柳」之意耳。辭餘於情，以視龍標絕句，遂覺不逮。

菩薩蠻　其五

杏花含露團香雪△綠楊陌上多離別△燈在月朧明⊙覺來聞曉鶯⊙　玉鈎褰翠幕△粧淺舊眉薄△春夢正關情⊙鏡中蟬鬢輕⊙

音釋：

褰：音ㄑㄧㄢ，勾攬也。

蟬鬢：婦女之鬢梢，薄如蟬翼。〔古今注，雜蟲〕魏文帝宮人絕所愛者有莫瓊樹，乃制蟬鬢，望之縹緲如蟬，故曰蟬鬢。

集評：

末二句淒涼哀怨，眞有難言之苦。白雨齋詞話

宗按：

「燈在」兩句，謂因別恨而損朝眠，語亦悽婉有致。「妝淺」句，「舊」字宜平，殆以陽上代之耳。然「舊眉」字亦未見佳。意「舊」字或有異文，然無別本可證。以飛卿之才，當不至「貧於一字」也。

菩薩蠻　其六

玉樓明月長相憶△柳絲嫋娜春無力△門外草萋萋⊙送君聞馬嘶⊙畫羅金翡翠△香燭銷成淚△花落子規啼⊙綠窗殘夢迷⊙

音釋：

淚：謂燭淚，然蠟下滴如淚。〔庾信對燭賦〕銅荷承淚蠟。

子規：即杜鵑，鳥名，春晚悲啼。

集評：

字字哀艷，讀之魂銷。白雨齋詞平

前數章時有佳句而通體不稱，此較淸綺有味。栩莊漫記

宗按：

通篇婉麗。

菩薩蠻 其七

鳳凰相對盤金縷△牡丹一夜經微雨△明鏡照新粧⊙鬢輕雙臉長⊙畫樓相望

久△ 闌外垂絲柳△ 音信不歸來⊙ 社前雙燕廻⊙

音釋：

金縷：凡以金線盤結。曰「金縷」，或「縷金」。

社：謂祭社神之日也。〔荆楚歲時記〕社日、四鄰並結宗社，宰牲牢，為屋於樹下。先祭神，然後享其胙。〔正字通〕立春後五戊為春社〔王駕社日詩〕桑柘影斜春社散。社前，謂春社之前也。

校記：

音信句王本作意信，誤。

集評：

牡丹句眼前語，非會心人不知。湯顯祖

飛卿慣用金鷓鴣，金鸂鶒，金鳳凰，金翡翠諸字以表富麗。本欲假以形容艷麗，乃徒彰其俗劣，正如小家碧玉初入綺羅叢中，只能識此數事，便矜羨不已也。此詞「雙臉長」之長字，尤為醜惡，明鏡瑩然，一雙長臉，思之令人發笑。故此字點金成鐵，純為湊韻而已。栩莊漫記

宗按：

漫記云云，誠非苛責。「音信」句，亦欠圓足，不必爲名家諱也。

菩薩蠻　其八

牡丹花謝鶯聲歇△　綠楊滿院中庭月△　相憶夢難成⊙　背窗鐙半明⊙　翠鈿金壓臉△　寂寞香閨掩△　人遠淚闌干⊙　燕飛春又殘⊙

音釋：

淚闌干：淚縱橫也。〔蔡琰，胡笳〕：歎息欲絕兮淚闌干。〔白居易長恨歌〕：玉容寂寞淚闌干，梨花一枝春帶雨。

校記：

壓，各本作靨。「金靨臉」，不辭，依玄覽本作「壓」。

集評：

「相憶夢難成」，正是「殘夢迷」情事。詞選

領略孤眠滋味，逐句逐字，淒淒惻惻，飛卿大是有心人。白雨齋詞平

宗按：「香閨寂寞」，明爲婦人語耳，則所謂「孤眠滋味」者，非飛卿親身「領略」可知。此中有何寄託？有何比興？白雨齋中人，強作解事，斯眞可謂「有心人」矣。

菩薩蠻　其九

滿宮明月梨花白△故人萬里關山隔△金雁一雙飛⊙淚痕沾繡衣⊙　小園芳草綠△家住越溪曲△楊柳色依依⊙燕歸君不歸⊙

音釋：

越溪：謂若耶溪，西施浣紗處。

集評：

興語似李賀，結語似李白。中間平調而已。湯顯祖

宗按：結語未嘗不佳，後人摹效，遂成濫套。

菩薩蠻　其十

寶函鈿雀金鸂鶒△　沈香閣上吳山碧△　楊柳又如絲⊙　驛橋春雨時⊙　畫樓音信斷△　芳草江南岸△　鸞鏡與花枝⊙　此情誰得知⊙

音釋：

鈿雀：鈿音ㄊㄧㄢˊ或ㄉㄧㄢˋ，金華也。鈿雀，以金作雀形爲首飾也。曹植詩「頭上金雀釵」，白居易詩：「翠翹金雀玉搔頭」，又飛卿更漏子：「金雀釵」義同。

沈香閣：〔開元天寶遺事〕楊國忠用沈香爲閣，檀香爲欄，以麝香、乳香篩土，和爲泥飾壁，每木芍藥盛開之際，聚賓客於閣上賞花焉。一說「閣」爲貯物之架，則「吳山」爲小屏矣，亦通。

鸞鏡：〔異苑〕罽賓王一鸞三年不鳴，夫人曰聞見影則鳴，懸鏡照之，鸞覩影悲鳴，冲霄一奮而絕。〔權德輿雜詩〕佳人掩鸞鏡，婉婉凝相矚。〔白居易、太行路〕何況如今鸞鏡中，妾顏未改君心改。

校注：

沈香閣王本吳本均作「沈香關」，誤。

集評：

「沈香」「芳草」句，皆詩中畫。湯顯祖

「寶函鈿雀」句，追敘。「畫樓」句，指點今情。「鸞鏡」句，頓。詞辨

只一「又」字，有多少眼淚，音節凄緩。——凡作香奩詞音節愈緩愈妙。白雨齋詞評

宗按：

「驛橋春雨」，凄艷動人。「又」字正點明今昔，惆悵之情，溢於辭外。陳亦峯必謂「有多少眼淚」，可謂自作多情者矣。然「音節愈緩愈妙」之說，正有見地。

菩薩蠻　其十一

南園滿地堆輕絮，愁聞一霎清明雨。雨後却斜陽，杏花零落香。　無言匀睡臉，枕上屏山掩。時節欲黃昏，無憀獨倚門。

音釋：

屏山：見前小山注。古人牀端枕畔，輒施屏幃，屏上或鑲石，或張畫，故曰屏山。

無憀：憀音ㄌㄧㄠˊ，猶言無聊，憀，賴也。

集評：

此下乃敍夢，此章言黃昏。詞選

「雨後却斜陽」句，餘韻，「無憀獨倚門」句，收束。詞辨

宗按：

雨後斜陽，杏花零落，亦美景，亦凄涼之景。末句平淡已極，然古代深閨寂寞之

情，正於此見之。大抵花間小令著墨不多，戛然而止，尚饒餘味；以言深曲，則猶有未至。蓋是時詞體新出，文人涉筆，多寫閨情，代人立言，無關身世，故不能刻摯也。

菩薩蠻　其十二

夜來皓月纔當午△重簾悄悄無人語△深處麝煤長⊙臥時留薄粧⊙　當年還自惜△往事那堪憶△花露月明殘⊙錦衾知曉寒⊙

音釋：

麝煤：謂眉黛也。

集評：

此自臥時至曉，所謂「相憶夢難成」也。詞選

宗按：

婦人夜寢必卸妝，所以養顏。前結用一「留」字，言外謂猶有所待也。換頭不勝

追惜，末以「知曉寒」作結，空虛之感，以極婉曲之辭達之，庶幾溫柔敦厚之遺。

菩薩蠻 其十三

雨晴夜合玲瓏日△萬枝香裊紅絲拂△閒夢憶金堂⊙滿庭芳草長⊙ 繡簾垂簶簌△眉黛遠山綠△春水渡溪橋⊙憑欄魂欲銷⊙

音釋：

夜合：花名，即合歡。〔唐彥謙無題詩〕夜合庭前花正開，輕羅小扇爲誰裁？

簶簌：音ㄌㄨˋㄙㄨˋ，同簏簌，下垂貌。〔李賀春坊正字劍子歌〕挼絲團金懸簏簌。

眉黛：古代婦人以黛畫眉，故曰眉黛。〔雲麓漫鈔〕前代婦人以黛畫眉，故見於詩詞，皆云，眉黛遠山，今人不用黛而用墨。按墨譜，周宣帝令外婦人以墨畫眉，禁中方得施粉黛，則知墨塡眉始於後周。〔白居易新柳詩〕須教碧玉羞眉黛。〔羅虬詩〕臉紅眉黛入時妝。

集評：

此章正寫夢。垂簾，憑闌，皆夢中情事，正應「人勝參差」三句。詞選

宗按：

首句「日」字，微嫌趁韻，餘亦平平。皋文聯串諸章，癡人說夢。

菩薩蠻 其十四

竹風輕動庭除冷△ 珠簾月上玲瓏影△ 山枕隱濃粧⊙ 綠檀金鳳凰⊙ 兩蛾愁黛淺△ 故國吳宮遠△ 春恨正關情⊙ 畫樓殘點聲⊙

音釋：

庭除：謂庭階也。〔曹攄思友人詩〕密雲翳陽景，霖潦淹庭除。

山枕：枕形如山，亦曰枕山，附見前小山注。

綠檀：香木之一，鑲金爲首飾。

點：謂更點。

集評：

十四調中，如團字，留字，冷字，皆一字法。如惹夢，如香雪，皆二字法，如當山額，如金靨臉，皆三字法，四五六字皆有法，解人當自知之，不能悉記。湯顯祖

此言夢醒，「春恨正關情」相對雙鎖。「青瑣金堂」，「故國吳宮」，略露寓意。詞選

春恨二語是兩層，言春恨正自關情，況又獨居畫樓而聞殘點之聲乎？白雨齋詞平

宗按：

湯臨川極言「字法」，矜爲創獲。至謂「當山額」與「金靨臉」皆三字法，不知「山額」爲一詞，「當」字謂「蕊黃」正著於「山額」之中；「金靨臉」三字，則「靨」爲「壓」字之訛，「靨臉」已不成語，乃夸言爲「字法」，令人失笑。

張皋文謂「靑瑣」「吳宮」，「略露寓意」，「寓意」云何？始終不敢明說，閃爍其辭，伎倆可憎。陳亦峯謂後結意有兩層，其見甚是。然原文明甚，正不待亦峯沈思深玩，而後得之也。

右菩薩蠻十四首，未必飛卿一時之作，不過以同調相從，彙結於此，實無次第關連。且飛卿此調，未必止於十四，趙氏亦止就存者編錄耳。而張皋文以「聯章詩」眼光，勉強鉤合，若自成首尾者。繪影繪聲，加枝添葉，一若飛卿身上之三尸蟲，能爲作者說明心曲，而又不敢眞正明說，可笑孰甚！海綃之說夢窗，同一伎倆，誤人實甚，故不惜辭而闢之。

更漏子　其一

柳絲長、春雨細△花外漏聲迢遞△驚塞雁、起城烏⊙畫屛金鷓鴣⊙　香霧薄△透簾幕△惆悵謝家池閣△紅燭背、繡簾垂⊙夢長君不知⊙

音釋：

城烏：後漢童謠：「城上烏，尾畢逋。」梁吳均詩：「千門萬戶不知曙，惟聞啞啞城上烏。」起城烏，謂侵曉而城烏飛鳴也。

謝家池閣：唐音癸籤：「李德裕鎭浙日，悼亡妓謝秋娘，用煬帝所作望江南詞，撰謝秋娘曲。」後人以謝娘、謝家、謝池、謝橋爲妓家之稱。

集評：

飛卿玉樓春、更漏子，最爲擅長之作。尤侗

此三首亦菩薩蠻之意。「驚塞雁」三句，言權戚不同，與下「夢長君不知」也。詞選

「驚塞雁」三句，此言苦者自苦，樂者自樂。白雨齋詞話

全詞意境尙佳，惜畫屏金鷓鴣一句強植其間，文理均因而扞格矣。栩莊漫記

宗按：

前半寫侵曉之景，「塞雁城烏」，因「春雨」而起，原無苦樂之情寓乎其閒。亦峯妄生分別，羌無所據。「畫屛」一句，眞成「強植」，栩莊洵知言者。

更漏子　其二

星斗稀、鐘鼓歇△簾外曉鶯殘月△蘭露重、柳風斜⊙滿庭堆落花⊙　虛閣上△
倚闌望△還是去年惆悵△春欲暮、思無窮⊙舊歡如夢中⊙

音釋：

思：音ㄙˋ。

集評：

「簾外曉鶯殘月」妙矣。而「楊柳岸，曉風殘月」更過之。宋詩遠不及唐，而詞多不讓。其故殆不可解。湯顯祖

「蘭露重」三句，與「塞雁城烏」義同。詞選

「蘭露重、柳風斜，滿庭堆落花。」此言盛者自盛，衰者自衰。亦即上章苦樂之意。顛倒言出，純是風人章法。特改換面目，人自不覺耳。白雨齋詞話

宗按：

臨川就「曉風殘月」一語，以爲耆卿勝飛卿，理不可解。勝則勝矣，何須言理？將謂宋必遜唐，方爲合理耶？如必欲知其「故」，則亦有可得而言者：詩之形式成立甚早，唐人專力爲之，亦三百年，至宋不能無變，風貌𤁽異，亦未必遽不及唐。詞則晚唐始出，至飛卿始以此名家，花間諸賢，類不出綺羅薌澤，風骨未遒，無論變化。迨天水一朝，始臻極盛，柳之邁溫，固意中事耳，又奚足怪？

「塞雁城烏」，與「畫屏」不屬，故栩莊譏其文理扞格；「柳風蘭露」，則與「滿庭堆落花」，語氣一貫矣。

亦峯於前首言「苦樂」，於此首言「盛衰」，且謂「改換面目」，如此則顚倒反覆，只此一意，千言萬語，何求不得？予謂其喃喃囈語，累卷不休，非過責也。

更漏子　其三

金雀釵、紅粉面△花裏暫時相見△知我意、感君憐⊙此情須問天⊙　香作穗△蠟成淚△還似兩人心意△山枕膩、錦衾寒⊙覺來更漏殘⊙

音釋：

香穗：香燒後餘灰未落，狀如禾穗曰香穗。

校記：

「暫時」王本作「暫如」，非。

宗按：

栩莊譏飛卿累用「金鷓鴣」，「金鳳凰」之類，爲貧於見識；而不知其累用漏盡衾寒，亦有情辭俱竭之感。

更漏子 其四

相見稀、相憶久△眉淺淡烟如柳△垂翠幕、結同心⊙待郎熏繡衾⊙

城上月△白如雪△蟬鬢美人愁絕△宮樹暗，鵲橋橫⊙玉籤初報明⊙

音釋：

鵲橋：俗傳七夕織女當渡河，使鵲爲橋。〔白孔六帖、鵲部〕：淮南子，烏鵲塡河成橋，渡織女。〔李白、擬古詩〕：銀河無鵲橋，非時將安適。

玉籤：謂更籤。〔陳書世祖紀〕每鷄人伺漏，傳更籤于殿中，乃敕送者必投籤於堦石之上，令鎗然有聲，云吾雖眠亦令驚覺也。

集評：

「蟬鬢美人愁絕」果是妙語。飛卿更漏子，河瀆神凡兩見之，李空同所謂自家物，終久還來耶。花草蒙拾

口頭語，平衍不俗，亦是塡詞當家。湯顯祖

飛卿詞中重句重意，屢見花間集中，由於意境無多，造句過求妍麗，故有此弊，不僅蟬鬢美人一句已也。栩莊漫記

宗按：

蒙拾婉而諕，漫記嚴而眞。

更漏子 其五

背江樓、臨海月△城上角聲嗚咽△堤柳動、島烟昏⊙兩行征雁分⊙ 京口路△歸帆渡△正是芳菲欲度△銀燭盡、玉繩低⊙一聲村落雞⊙

音釋：

咽：音一せ`，本入聲。

京口：地名，今江蘇省鎮江縣治。

玉繩：星名。卽北斗第五星。北之天乙、太乙兩小星。〔春秋元命苞〕：玉衡北兩星爲玉繩。〔晉書魏舒等傳贊〕：皎皎瑚器，來光玉繩。〔文選張衡西京賦〕：上飛闥而仰眺，正覩瑤光與玉繩。

校記：

京口，王本作西陵，未知孰是。

集評：

「兩行征雁分」句好。湯顯祖

宗按：

此詞似爲行役之作，不盡爲閨情矣。

更漏子　其六

玉鑪香、紅蠟淚△偏對畫堂秋思△眉翠薄、鬢雲殘⊙夜長衾枕寒⊙　梧桐樹△

三更雨△不道離情正苦△一葉葉、一聲聲⊙空階滴到明⊙

音釋：

思：音ㄙˋ。

不道：猶云不省也，不知道也。

明：謂天明。

校記：

尊前集以此詞爲馮延巳作。「香」作「烟」，香字勝。「對」一作「照」，「對」字勝。「正」作「最」，正字勝。

集評：

似直下語，正從夜長逗出。亦書家無垂不縮之法。詞辨

胡元任謂庭筠工於造語，極爲奇麗。然如更漏子梧桐樹數句，語彌淡，情彌苦。非奇麗爲佳矣。賭碁山莊詞話

飛卿更漏子三章，自是絕唱，而後人獨賞其末章數語。胡元任云：「飛卿工于造語，極爲奇麗，更漏子尤佳。」即指梧桐樹數語也。不知梧桐樹數語，用筆較快，而意味無上二章之圓。胡氏不知詞，故以奇麗目飛卿，且以此章爲飛卿之冠，淺視飛卿者也。後人從而和之，何耶？白雨齋詞話

遺詞淒艷，是飛卿本色。結三語開宋人先聲，白雨齋詞平

飛卿此詞，自是集中之冠，尋常情景，寫來淒婉動人，全由愁思離情爲其骨

幹。宋人「枕前淚共階前雨，隔個窗兒滴到明。」本此而轉成淡薄。溫詞如此淒麗有情致，不爲設色所累者，寥寥可數也。溫韋並稱，賴有此耳。栩莊漫記

宗按：

後半六句，只是一語，語淡情苦，謝枚如得之矣。陳亦峯獨不謂然，亦峯以喃喃爲沈鬱，以駿利爲直率，毋怪其然也。

歸國謠 其一

香玉△翠鳳寶釵垂𥵨𥷑△鈿筐交勝金粟△越羅春水淥△　畫堂照簾殘燭△夢餘更漏促△謝娘無限心曲△曉屏山斷續△

音釋：

鈿筐、交勝、金粟：未詳，按文氣均指首飾而言。韓愈燈花詩云：「**囊**裏排金粟，釵頭綴玉蟲。」詩詠燈花，但以釵頭綴玉蟲狀之，則釵頭熔金

爲小顆，聚如金粟，類檠上之燈花可知。

謝娘：謂妓女也。〔徐渭南詞敍錄〕謝娘，本謂文女，如謝道蘊是也，今以指妓。

校記：

「鈿筐」句，玄覽齋本「筐」字作「筐」，字書無「筐」字，或宋人爲匡字缺筆。

集評：

此詞及下一首，除堆積麗字外，情境俱屬下劣。栩莊漫記

宗按：

予亦云然。

歸國謠　其二

雙臉△小鳳戰篦金颭艷△舞衣無力風斂△藕絲秋色染△錦帳繡幃斜掩△露珠

清曉簟△粉心黃蕊花靨△黛眉山兩點△

音釋：

戰：顫動。

篦：音ㄆㄧˊ，〔字彙〕篦，竹爲之，去髮垢者。後以金屬爲之，爲首飾之一。〔白居易、琵琶行〕鈿頭雲篦擊節碎。

颭：音ㄓㄢˇ，凡風動物，與物之受風搖曳者皆謂之颭。由此句可知金篦之上，有薄金爲鳳，懸於其上，迎風而搖戰也。

藕絲：〔李賀天上謠詩〕粉霞紅綬藕絲裙。〔王琦集解〕粉霞，藕絲皆當時彩色名。

簟：音ㄉㄧㄢˋ，席也。

宗按：

歸國謠二首，寫歌舞伎耳，略無深意。飛卿他詞，與此大同小異，不過稍入離別相思之念而已。皐文亦峯，擅於曲解，至此亦不免技窮。

酒泉子　其一

花映柳條⊙閒向綠萍池上△憑闌干、窺細浪△雨瀟瀟⊙近來音信兩疏索△洞房空寂寞△掩銀屏、垂翠箔△度春宵⊙

集評：

銀屏翠箔麗矣，奈洞房寂寞度春宵何！栩莊漫記

宗按：

一種空虛寂寞之感，信爲古時閨閣所同，作者百說不厭，其奈讀者何！「兩疏索」之「兩」字，亦不免小疵。

酒泉子　其二

日映紗窗⊙金鴨小屏山碧△故鄉春、烟靄隔△背蘭釭⊙　宿粧惆悵倚高閣△千里雲影薄△草初齊、花又落△燕雙雙⊙

音釋：

金鴨：焚香之器，作鴨形。

蘭釭：釭音ㄍㄤ，鐙也。〔謝朓詩〕但願置樽酒，蘭釭當夜明。

校記：

金鴨句，王本「碧」字闕。

宗按：

末三句，有春盡人孤之意，尚蘊藉。

酒泉子　其三

楚女不歸⊙樓枕小河春水△月孤明、風又起△杏花稀⊙　玉釵斜篸雲鬟重△裙

上縷金雙鳳△八行書、千里夢△雁南飛⊙

音釋：

篸：音ㄗㄢˋ，簪也，與簪同。〔集韻〕簪、博雅、笢謂之簪，或從參。〔韓愈送桂州嚴大夫詩〕山如碧玉篸。

校記：

雲鬟重句，王本「重」字作「髻」，失韻，亦不成語。裙上句，或無「雙」字，以有爲是。

集評：

「月孤明」三句中有多少層折，情詞淒楚。白雨齋詞評

宗按：

末謂雁過而音書不至，三言三句，無迴旋餘地，純以意轉，微嫌不醒。至前結三句，「有多少層折」？惟白雨齋中人能知之矣。

酒泉子 其四

羅帶惹香，猶繫別時紅豆。淚痕新、金縷舊，斷離腸。　一雙嬌燕語雕樑，還是去年時節。綠陰濃、芳草歇，柳花狂。

校記：

綠陰句，「陰」字一本作「楊」，非。

集評：

四詞中，纖詞麗語，轉折自如，能品也。湯顯祖

離情別恨，觸緒紛來。栩莊漫記

宗按：

酒泉子體式甚繁，長短不一，用韻尤參錯，但其音律特徵，仍可按之而得。此詞

首句「香」字爲韻，依例語氣小頓，而作者以「猶繫」二字，一氣貫下，直至「離腸」句爲止。不爲音節所窘，頗見手段。

定西番　其一

漢使昔年離別△攀弱柳、折寒梅⊙上高臺⊙千里玉關春雪△雁來人不來⊙羌笛一聲愁絕△月徘徊⊙

宗按：

唐人邊塞之作，最擅勝場，大多只及征戍。此詞則以奉使持節爲篇旨，兩結三字句，著墨不多，而怨在辭外。

定西番　其二

海燕欲飛調羽△萱草綠、杏花紅⊙隔簾櫳⊙雙鬢翠霞金縷△一枝春艷濃⊙樓上月明三五△瑣窗中⊙

校記：

櫳一作瓏，誤。

集評：

樓上月明三五瑣窗中，不知秋思在誰家。湯顯祖

宗按：

前首及後首，均及邊塞事，與調名本意有關，此首則仍不外「翠霞金縷」，無可論者。臨川云云，不知用意何在？

定西番 其三

細雨曉鶯春晚△人似玉、柳如眉⊙正相思⊙　羅幕翠簾初捲△鏡中花一枝⊙腸斷塞門消息、雁來稀⊙

宗按：

思婦之情，見於後結。

「息」字宜叶，否則太孤。

楊柳枝 其一

宜春苑外最長條⊙閑裊春風伴舞腰⊙正是玉人腸斷處、一渠春水赤闌橋⊙

音釋：

宜春苑：漢武帝所造，即曲江池所在地故址，在今陝西省長安縣南。

赤闌橋：〔一統志〕「臺州府赤欄橋在臨海門，晉成公綏爲江安令，登橋望江作雪賦。」後世詞人泛指橋之赤闌者，如顧況詩：水邊楊柳赤闌橋，洞裏仙人碧玉簫。鄭韶詩：赤闌橋下記停橈，細雨菰蒲響暮潮。

集評：

風神旖旎，得題之神。栩莊漫記

宗按：

以下楊柳枝八首，實皆七言絕句，往日譜書，以花間入集，故混列入詞。此八首具見溫集詩中，則前人初不視之爲詞，按其音節，旣不異於詩，自不宜闌入詞中，存而不論可也。鄭文焯謂爲「骨氣奇高，文藻溫麗」，「爲宋詩中振絕之境，蘇黃所不能到」。彼胸中先有一段唐高於宋，詩高於詞之成見，故有此似是而非之論，辯之亦無從辯。讀者試逐一分析，平心而衡量之，其繆固可立見也。

楊柳枝　其二

南內牆東御路傍⊙須知春色柳絲黃⊙杏花未肯無情思、何事行人最斷腸⊙

音釋：

思：音ㄙˋ。

楊柳枝 其三

蘇小門前柳萬條⊙毿毿金線拂平橋⊙黃鶯不語東風起、深閉朱門伴舞腰⊙

音釋：

蘇小：南齊時錢塘妓，才空士類，容華絕世。〔吳地記〕嘉興縣前有晉妓蘇小小墓。〔韓翃、送王少府歸杭州詩〕吳郡陸機稱地主，錢塘蘇小是鄉親。

毿毿：音ㄙㄢ，細長下垂貌。〔孟浩然、高陽池詩〕綠岸毿毿楊柳垂。

楊柳枝　其四

金縷毿毿碧瓦溝⊙六宮眉黛惹香愁⊙晚來更帶龍池雨、半拂欄干半入樓⊙

音釋：

六宮：〔禮〕古者天子后立六宮。注：六宮後五前一。又皇后正寢一，燕寢五，是爲六宮也。〔白居易長恨歌〕六宮粉黛無顏色。

龍池：亦曰隆慶池。當在今陝西省長安縣東南。〔長安志〕龍池在南薰殿北躍龍門南。本是平地，垂拱後，因雨水流潦成小池，後又引龍首支渠分漑之，日以滋廣，至神龍景雲中，彌亘數頃，深至數丈，常有雲氣，或見黃龍出其中，謂之雲氣。

集評：

新詞麗句，令人想見張緒風流。栩莊漫記

楊柳枝 其五

館娃宮外鄴城西⊙遠映征帆近拂堤⊙繫得王孫歸思切、不同芳草綠萋萋⊙

音釋：

館娃宮：吳宮名，吳王夫差建。在今江蘇省吳縣西南靈巖山上，舊有靈巖寺，卽其故址。〔明一統志〕館娃宮在蘇州府靈巖山上，前臨姑蘇臺，吳人謂美女爲娃，蓋以西施得名。

集評：

聲情綿邈，繫字甚佳，與白傅永豐一首，可謂異曲同工。栩莊漫記

楊柳枝 其六

兩兩黃鸝色似金⊙裊枝啼露動芳音⊙春來幸自長如線、可惜牽纏蕩子心⊙

楊柳枝 其七

御柳如絲映九重⊙鳳凰窗映繡芙蓉⊙景陽樓畔千條路、一面新粧待曉風⊙

音釋：

景陽樓：樓名，地在今江蘇省江寧縣北，樓上置景陽鐘。〔南齊書、后妃傳〕齊武帝以宮內深隱，不聞端門鼓漏聲，置鐘於景陽樓上，宮人聞鐘聲，早起妝飾，至今此鐘唯應五鼓及三鼓也。

校記：

鳳凰句，「映」字溫集作「柱」，題爲詠柳，作「映」是。

楊柳枝 其八

織錦機邊鶯語頻⊙停梭垂淚憶征人⊙塞門三月猶蕭索、縱有垂楊未覺春⊙

集評：

楊柳枝唐自劉禹錫白樂天而下，凡數十首，然惟詠史詠物，比諷隱含，方能各極其妙。如「飛入宮牆不見人」，「隨風好去落誰家」，「萬樹千條各自垂」等什，皆感物寫哀，言不盡意，眞託詠之名匠也。此中三五卒章，直堪方駕劉白。湯顯祖

宋人詩好處，便是唐詞。然飛卿楊柳枝八首，終爲宋詩中振絕之境，蘇黃不能到也。唐人以餘力爲詞，而骨氣奇高，文藻溫麗。有宋一代學人，媷志於此，駸駸入古，畢竟不能脫唐五代之窠臼，其道亦難矣。鄭文焯

塞門二句，亦猶春風不度玉門關之意，而翻用之，亦復綺怨撩人。栩莊漫記

南歌子 其一

手裡金鸚鵡、胸前繡鳳凰⊙偷眼暗形相⊙不如從嫁與、作鴛鴦⊙

音釋：

金鸂鶒：花簪也。〔韓偓詩〕：水晶鸂鶒釵頭顫。**相**，丁一九，平聲。〔羅隱娵子詩〕：第一莫形相。形相猶云打量。

集評：

短調中能尖新而轉折，自覺雋永可喜。湯顯祖

盡頭語，單調中之重筆，五代後絕響。詞辨

花間集詞多婉麗，然亦有以直快見長者，如「不如從嫁與作鴛鴦」，「此時還恨薄情無」等詞，蓋有樂府遺風也。栩莊漫記

宗按：

各家所評，均有見地。譚復堂謂爲「盡頭語」，栩莊賞其「直快」，可謂得之。而臨川謂有「轉折」，持論獨異。有「轉折」則非「盡頭」，有「轉折」則不「直快」，誠不知所謂「轉折」果何在也？

南歌子　其二

似帶如絲柳、團酥握雪花⊙。簾捲玉鉤斜⊙。九衢塵欲暮，逐香車⊙。

音釋：

簾：此處謂車簾也。

校記：

團酥句，王本「酥」作「蘇」，非。

集評：

源出古樂府。詞辨

宗按：

似結未結，亦有餘韻。

南歌子 其三

鬌墮低梳髻、連娟細掃眉⊙終日兩相思⊙爲君憔悴盡，百花時⊙

音釋：

鬌墮：ㄨㄛ ㄉㄛˇ，一作倭墮、鬖鬌，垂髻也。〔韻府引李商隱詩〕破鬟倭墮凌朝寒，白玉燕釵黃金蟬。〔李嶠詩〕雲髮羞垂倭墮鬟。

連娟：ㄌㄧㄢˊ ㄑㄩㄢˊ，眉曲細也。〔史記司馬相如傳〕長眉連娟。〔索隱〕連娟、眉曲細也。

集評：

低徊欲絕。白雨齋詞評

宗按：如聞哽咽之音，只以「百花時」三字作結，極見深厚。亦峯云：「低徊欲絕」，信然。

南歌子 其四

臉上金霞細、眉間翠鈿深⊙。欹枕覆鴛衾⊙。隔簾鶯百囀，感君心⊙。

集評：婉孌纏綿。栩莊漫記

宗按：末三字作問句或祈望語，語意始圓。小令字數短絀，恆苦不暢，眞欲含蓄有餘，正復不易。

南歌子 其五

撲蕊添黃子、呵花滿翠鬟⊙。鴛枕映屏山⊙。月明三五夜，對芳顏⊙。

集評：

撲蕊呵花四字，未經人道。湯顯祖

此詞與上闋同一機杼而悁悵自憐。栩莊漫記

宗按：

「撲蕊呵花」，豈眞絕詣？

栩莊似謂更勝前闋，亦未必然。飛卿南歌子七首，以「倭墮低梳髻」一首爲最勝，「手裡金鸚鵡」次之，「似帶如絲柳」又其次也，其餘皆有小疵矣。

南歌子 其六

轉盼如波眼、娉婷似柳腰⊙花裡暗相招⊙憶君腸欲斷，恨春宵⊙

集評：

末二句率致無餘味。栩莊漫記

宗按：

格局短小，不易迴旋，故轉折不明。

南歌子　其七

嬾拂鴛鴦枕、休縫翡翠裙⊙羅帳罷爐薰⊙近來心更切，爲思君⊙

音釋：

更，ㄍㄣˋ。

爲，ㄨㄟˋ。

集評：

上三句三層，下接近來二字尤妙。白雨齋詞評

嬾、休、罷皆爲思君之故，用近來二字，更進一層，于此可悟用字之法。栩莊漫記

宗按：

二家所評，未嘗不是；但「爲思君」三字，只是總結全文，並無更進一層之處；使別有它辭，則精光發射矣。

河瀆神 其一

河上望叢祠⊙廟前春雨來時⊙楚山無限鳥飛遲⊙蘭棹空傷別離⊙　何處杜鵑啼。不歇△艷紅開盡如血△蟬鬢美人愁絕△百花芳草佳節△

宗按：

河瀆神三闋，皆依本意，雖係有意爲之，亦復大佳。「蟬鬢」句重見，未足深病。後半境實而人幻，無端淒艷。

河瀆神 其二

孤廟對寒潮⊙西陵風雨蕭蕭⊙謝娘惆悵倚蘭橈⊙淚流玉筯千條⊙暮天愁聽思歸樂△早梅香滿山郭△迴首兩情蕭索△離魂何處飄泊△

音釋：

玉筯：〔白孔六帖〕魏甄后面白，淚雙垂如玉筯。

校記：

「蘭」，或作「欄」，非。

「樂」一作「落」，誤。

集評：

起筆蒼莽中有神韻，音節湊合。白雨齋詞評

宗按：

全文坐實，便欲損味。

河瀆神　其三

銅鼓賽神來。滿庭幡蓋徘徊。水村江浦過風雷。楚山如畫烟開。

離別櫓聲空蕭索。玉容惆悵妝薄。青麥燕飛落落。捲簾愁對珠閣。

音釋：

銅鼓：後漢書馬援傳注引裴氏廣州記云：「狸獠鑄銅爲鼓，惟高大爲貴，面闊丈餘。〔桂海虞衡志〕鼓如坐墩而空其下。滿鼓皆細花紋，四角蟾蜍，拊之，聲如鞞鼓。

校記：

「落落」二字不辭，疑「花落」之誤。

集評：

上半闋頗有楚辭九歌風味。楚山一語最妙。栩莊漫記

宗按：

前半誠九歌遺韻，後半則八叉本色矣，微覺不侔。右調三首，換頭之句，音節無一同者，或有訛文，要以作律句爲是。

女冠子　其一

含嬌含笑△宿翠殘紅窈窕△鬢如蟬⊙寒玉簪秋水，輕紗捲碧煙⊙　雪胸鸞鏡裏、琪樹鳳樓前⊙寄語青娥伴、早求仙⊙

宗按：

女冠子爲調戲女道士之詞，二首均同。此調須以方外境與兒女情，極不協調之事融合出之，始饒幽艷淒迷之致。飛卿此作，尚未至也。

女冠子　其二

霞帔雲髮△鈿鏡仙容似雪△畫愁眉⊙遮語廻青扇、含羞下繡幃⊙　玉樓相望久、花洞恨來遲⊙早晚乘鸞去、莫相遺⊙

音釋：

霞帔：謂女冠法衣。帔，ㄆㄧ。

遺：忘也。

宗按：

略用道流衣器點綴，是矣，而未至也。

西京咸宣觀女道士魚玄機詩，有〈冬夜寄溫庭筠〉及〈寄飛卿〉二首。又〈詞譜〉：女冠子，唐教坊曲名，小令始於溫庭筠，想溫詞中之女冠，即謂玄機也。

玉蝴蝶

秋風淒切傷離。行客未歸時。塞外草先衰。江南雁到遲。芙蓉彫嫩臉、楊柳墮新眉。搖落使人悲。斷腸誰得知。

校記：

「彫」藝文本作「凋」，義同。

集評：

塞外十字，抵多少秋聲賦。白雨齋詞評

飛卿詞：「此情誰得知」。「夢長君不知」。「斷腸誰得知」。三押知字皆妙。白雨齋詞評

宗按：

「塞外」十字，亦是佳句。至三「知」字之妙，殆不如亦峯所言之甚。

「楊柳」句「墮」字未穩。

清平樂　其一

上陽春晚△宮女愁蛾淺△新歲清平思同輦△爭那長安路遠△鳳帳鴛被徒燻⊙寂寞花鎖千門⊙競把黃金買賦、爲妾將上明君⊙

音釋：

上陽：宮名，唐高宗時建，故址在今河南省洛陽縣。〔唐書地理志〕東都上陽宮，在禁苑之東，高宗常居以聽政。

爭那：猶言「怎奈」。

黃金買賦：〔司馬相如長門賦序〕孝武陳皇后，時得幸，頗妬。別在長門宮，愁悶悲思。聞蜀郡成都司馬相如工爲文，奉黃金百斤，爲相如文君取酒，因干解悲愁之辭，而相如爲文以悟主上，陳皇后復得親幸。

校記：

爭那句，晁本「那」字作「奈」，義同。

宗按：

宮怨而已，難期深切。

清平樂　其二

洛陽愁絕△楊柳花飄雪△終日行人恣攀折△橋下水流嗚咽△上馬爭勸離觴⊙
南浦鶯聲斷腸⊙愁殺平原年少、回首揮淚千行⊙

校記：

恣摯折句，王本「恣」字作爭。

集評：

上半闋最見風骨，下半闋微遜。白雨齋詞評

宗按：

首句四字，幾不成語。飛卿！飛卿！「洛陽」二字，與「蟬鬢美人」，大有出入也。

遐方怨　其一

憑繡檻、解羅幃⊙未得君書、斷腸瀟湘春雁飛⊙不知征馬幾時歸⊙海棠花謝也、雨霏霏⊙

集評：

神致宛然。白雨齋詞評

宗按：

一結甚美。

亦峯評爲「神致宛然」，不知「宛然」何物？

遐方怨 其二

花半坼、雨初晴。未捲珠簾、夢殘惆悵聞曉鶯。宿妝眉淺粉心橫。約鬟鸞鏡裏、繡羅輕。

集評：

「夢殘」句妙，「宿妝」句又太雕矣，「粉心橫」意指額上粉而字句甚生

硬。栩莊漫記

宗按：漫記所評極是，惟「雕」而失之「生硬」，謂之「不可雕也」可。

訴衷情

鶯語△花舞△春晝午△雨霏微⊙金帶枕△宮錦△鳳凰帷⊙柳弱燕交飛⊙依依⊙遼陽音信稀⊙夢中歸⊙

校記：「柳弱」句，王本「燕」字作「蜨」，「燕」字勝。「燕」映帶「遼陽」。

宗按：雖之新意，却饒佳景。通篇明艷，不恃飣餖，末尾入情，亦不著迹。

思帝鄉

花花。滿枝紅似霞。羅袖畫簾腸斷、卓香車。廻面共人閒語、戰篦金鳳斜。惟有阮郎春盡、不回家。

音釋：

卓：立也，駐也。蘇轍詩：「無地容錐卓」，又「駐錫」亦曰「卓錫」，皆「植立」義。至於「車」亦用「立」字，見後牛嶠菩薩蠻：「晴街春色香車立」，與「卓」義同。

阮郎：謂阮肇。〔太平御覽，地部天台山〕幽明錄曰：漢明帝永平五年，剡縣劉晨、阮肇共入天台山，取穀皮，迷不得返。經十餘日，糧食乏盡，飢餒殆死。遙望山上有一桃樹，大有子實，而絕巖邃澗，了無登陸。攀葛捫羅，乃得至。噉數枚，而飢止體充。復下山，持杯取欲與漱，見蕪菁葉從山腹流出，甚鮮新，復一杯流出，有胡麻糝。相謂曰：此知去人徑不遠。度山，出一大溪。溪邊有二女子，資質妙絕。

見二人，女持盃出，便笑曰：「劉阮二郎！捉向所失流杯來！」晨肇既不之識，二女便呼其姓，如似有舊相見，忻喜問：「來何晚耶？」因要還家，家筒瓦屋，南壁及東壁下，各有一大牀，皆施絳羅，帷角懸鈴，上金銀交錯，牀頭各十侍婢，便勑云：「劉阮二郎，經涉山阻，向雖得瓊實，猶尚虛弊，可速作食！」有胡麻飰，山羊脯，甚美，食畢行酒，有羣女來，各持三五桃子，笑而言：「賀汝壻來！」酒酣作樂，劉阮忻怖交並至。暮令各就一帳宿，女往就之，言聲清婉，令人忘憂。至十日後，欲求還去，女云：「君已來，是宿福所牽，何復欲還耶？」遂留半年，氣候草木是春時，百鳥鳴呼，更懷土，求歸甚苦。女曰：「當如何？」遂呼前來女子，有三四十人，集會奏樂，共送劉阮，指示還路。既出，親舊零落，邑屋全異，無復相識，問得七世孫，傳聞上世入山，迷不得歸。

宗按：

小有情致，而率筆（如首兩句）陳套（如羅袖戰箆等），終未能免。

夢江南 其一

千萬恨、恨極在天涯⊙山月不知心裏事、水風空落眼前花⊙搖曳碧雲斜⊙

集評：

風華情致，六朝人之長。湯顯祖

搖曳一句，情景交融。栩莊漫記

宗按：

夢江南視七絕尤短，極不易張羅，自來佳作絕少，千不得一。大抵只有七字一聯，餘語不過襯貼，轉成贅附。

夢江南 其二

梳洗罷、獨倚望江樓⊙過盡千帆皆不是⊙斜暉脈脈水悠悠⊙腸斷白蘋洲⊙

集評：

猶是盛唐人絕句。詞辨

絕不着力，而款款深深，低徊不盡，是亦謫仙才也。吾安得不服古人。白雨齋詞評

楚辭：「望夫君兮未來，吹參差兮誰思。」「嫋嫋兮秋風，洞庭波兮木葉下。」幽情遠韻，令人至不可聊。飛卿此詞：「過盡千帆皆不是，斜暉脈脈水悠悠。」意境酷似楚辭。而聲情綿渺，亦使人徒喚奈何也，柳詞「想佳人倚樓長望，誤幾回天際識歸舟。」從此化出，却露鉤勒痕跡矣。栩莊漫記

柳子厚「漁翁夜傍西巖宿，曉汲清湘然楚竹。」一詩，論者謂刪却末二句尤佳，余謂柳詩全首，正復幽然。然如飛卿此詞末句，眞爲畫蛇添足，大可重改也。過盡二語既極怊悵之情，腸斷白蘋洲一語點實，便無餘韻，惜哉！惜哉！同上

宗按：

此首三四兩句，破駢爲散，一氣貫注，尚能成篇。全詞韻致，亦似唐人絕句。或

嫌末句點實，持論稍苛。自來作者甚多，而佳者甚少，皆緣格局所限，人莫之察耳。

河傳 其一

江畔△相喚△曉妝妍⊙仙景箇女採蓮⊙請君莫向那岸邊⊙少年⊙好花新滿船⊙紅袖搖曳逐風暖△垂玉腕△腸向柳絲斷△浦南歸⊙浦北歸⊙莫知⊙晚來人已稀⊙

校記：

曉妝妍句，王本「妍」字作「仙」字，非。一本作「鮮」，兩可。

宗按：

「仙景」句，費解。餘亦欠佳。

河傳 其二

湖上，閒望，雨瀟瀟，煙浦花橋，路遙，謝娘翠娥愁不銷，終朝，夢魂迷晚潮，蕩子天涯歸棹遠，春已晚，鶯語空腸斷，若耶溪，溪水西，柳堤，不聞郎馬嘶。

音釋：

若耶溪：在浙江省紹興縣若耶山下。注入鏡湖。一名浣紗溪，相傳爲西施浣紗處。

集評：

夢魂迷晚潮五字驚絕。末用蟬連法更妙，直是化境。白雨齋詞評

宗按：

全篇精緻。後結四句，玲瓏透剔，尤爲神來之筆。

河傳　其三

同伴△相喚△杏花稀⊙夢裏每愁依違⊙仙客一去燕已飛⊙不歸⊙淚痕空滿衣⊙天際鳥雲引情遠△春已晚△煙靄渡南苑△雪梅香⊙柳帶長⊙小娘⊙轉令人意傷⊙

校記：

引情遠句，王本「情」字作「晴」，誤。

集評：

二詞俱少輕倩，似不宜於十七八女孩兒之紅牙拍歌，又無關西大漢執鐵板氣概。湯顯祖

河傳一調，最難合拍。飛卿振其蒙，五代而後，便成絕響。白雨齋詞評

宗按：

造句拙。河傳句短韻促，難造自然。此三詞中，「湖上」一首，已臻絕勝之境，其餘相形見絀，亦難爲諱。臨川評爲「俱少輕倩」，幾於玉石俱焚，要非公論。所謂紅牙鐵板之說，祇是傳奇家見解。蓋花間爲倚聲之始，如花初胎。脫「詩」未盡，去「曲」尚遙。諸賢之作，奪魂於唐人絕句，自成馨麗，不似玉茗堂中，刻意雕鎪，務於紅氍毹上，賺人笑涕者。

蕃女怨　其一

萬枝香雪開已遍△細雨雙燕△鈿蟬箏、金雀扇△畫樑相見△雁門消息不歸來⊙又飛廻⊙

校記：

「鈿」一作「細」，「鈿」「金」對文，作「鈿」是、鈿音ㄉㄧㄢˋ。

集評：

又飛廻三字，更進一層，令人叫絕，開兩宋先聲。白雨齋詞評

宗按：

此詞結構絕佳。主辭爲「雙燕」，至第二句始點出；三四隔而不斷，至第五句人燕關合，驚鴻一瞥；第六句忽遠說「雁門消息」，仍從燕子聯想而來；結句「又飛廻」三字，輕輕一撥，嫋嫋餘音，情癡意怨。

蕃女怨　其二

磧南沙上驚雁起△飛雪千里△玉連環、金鏃箭△年年爭戰△畫樓離恨錦屏空⊙杏花紅⊙

集評：

起三句有力如虎。白雨齋詞評

宗按：

紅杏錦屏，是飛卿「自家物」，得玉環金箭而洗淨凡艶，不盡陳套矣。

荷葉盃　其一

一點露珠凝冷△波影△滿池塘⊙綠莖紅艷兩相亂△腸斷△水風涼⊙

集評：

全詞質實處多，而以腸斷二字融景入情，是以俱化空靈。栩莊漫記

宗按：

小品清供，亦有韻致。

荷葉盃　其二

鏡水夜來秋月△如雪△採蓮時⊙小娘紅粉對寒浪△惆悵△正思惟⊙

校記：

末句，王本「惟」字作「想」，作「惟」是。

宗按：

視前首味薄，因結句無蘊蓄耳。

荷葉盃　其三

楚女欲歸南浦△朝雨△溼愁紅⊙小船搖蕩入花裏△波起△隔西風⊙

集評：

唐人多緣題起詞，如荷葉盃，佳題也。此公按題矣，詞短而無深味。韋相儘多佳句，而又與題茫然，令人不無遺恨。湯顯祖

飛卿鏡水夜來秋月一作，押韻慊苦，此作節奏天然，故錄此遺彼。白雨齋詞評

飛卿所爲詞，正如唐書所謂側辭艷曲，別無寄託之可言。其淫思古艷在此，

詞之初體亦如此也。如此詞若依臯文之解菩薩蠻例，又何嘗不可以「波起隔西風」作「玉釵頭上風」同意，然此詞實極宛轉可愛。栩莊漫記

宗按：

三家所見均極是。臨川於溫韋二人，不無遺恨。鄙意與其緣題而寡味，不若句佳而背題也。

皇甫先輩 松
十一首

皇甫松字子奇，湜之子，自號檀樂子，新安人。

附錄：

皇甫松著醉鄉日月三卷，自敍之矣。或曰：松，丞相奇章公表甥，然公不薦。因襄陽大水，遂爲大水辯，極言誹謗。有「夜入眞珠室，朝遊瑇瑁宮」之句，公有愛姬名眞珠也。唐摭言

集評：

皇甫松以竹枝采蓮排調擅場，而才名遠遜諸人。花間集所載，亦只小令短歌耳。元好問

唐人皇甫子奇詞，宏麗不及飛卿，而措詞閒雅，猶存古詩遺意，唐詞于飛卿而外，出其右者鮮矣。五代而後，更不復見此種筆墨。白雨齋詞評

子奇詞不多見，而秀雅在骨，初日芙蓉春月柳，庶幾與韋相同工。至其詞淺意深饒有寄託處，尤非溫尉所能企及，鹿太保差近之耳。栩莊漫記

天仙子　其一

晴野鷺鷥飛一隻　水葓花發秋江碧　劉郎此日別天仙、登綺席　十二晚峯高歷歷

音釋：

隻：ㄓˋ，本入聲。

葓：ㄏㄨㄥˊ，水艸也，與葒同。

劉郎：謂劉晨，見溫詞思帝鄉注。

十二峯：巫山有峯十二，曰：望霞、翠屏、朝雲、松巒、集仙、聚鶴、淨壇、上昇、起雲、飛鳳、登龍、聖泉。

集評：

余有詩云：「推窗歷歷數晴峯。」恍與此合。湯顯祖

「飛一隻」便妙，結筆得遠韻，亦是從曲終人不見，江上數峯青化出。白雨齋詞評

其聲揮綽。鄭文焯

宗按：

此亦所謂緣題之作，詞意與調之本意合也，讀之令人有「會眞」意。臨川或亦眞有此感，然借人自售，得無失檢？

天仙子 其二

躑躅花開紅照水△鷓鴣飛繞靑山觜△行人經歲始歸來、千萬里△錯相倚△懊惱天仙應有以△

音釋：

躑躅：即杜鵑花。

集評：

皇甫松爲牛僧孺甥，以天仙詞著名，終不若摘得新二首爲有達觀之見。花菴詞選

無一字不警快可喜。白雨齋詞評

宗按：

此詞仍詠劉阮事。首兩句雖不切天台景色，而畫面動人。下文寫情，未嘗不自出新意，但說得太明太直，遂覺之味。「始」字與下文文意錯迕，未達一間。如用「卻」字，方是「天仙」「懊惱」之所「以」。

浪濤沙　其一

灘頭細草接疏林⊙浪惡罾船半欲沈⊙宿鷺眠鷗非舊浦、去年沙觜是江心⊙

音釋：

罾：音ㄗㄥ，〔楚辭九歌湘夫人〕罾何爲兮木上。〔注〕罾、魚網也。

校記：

宿鷺句，王本「非」字作「飛」，作「非」勝，與下文「是」字相應。

集評：

湯顯祖

桑田滄海，一語道破。紅顏變爲白髮。美少年化爲鷄皮老翁，感慨係之矣。

宗按：

浪濤沙二首，皆七言絕句，不當入詞。至其命意若何，可不深論。

全唐詩載劉禹錫浪淘沙九首，題及詩中字皆作「淘」。此處作「濤」誤。又司空圖亦有浪淘沙，皆七言絕句。

浪濤沙 其二

蠻歌豆蔻北人愁⊙蒲雨杉風野艇秋⊙浪起䴔䴖眠不得、寒沙細細入江流⊙

音釋：

䴔䴖：鳽也。〔爾雅釋鳥〕鳽、䴔䴖。〔注〕似鳧，脚高毛冠，江東人家養之，以厭火災。

校記：

蒲雨句王本「蒲」字作「浦」，作「蒲」是，「蒲」「杉」對文。

集評：

玉茗翁謂前詞有桑滄之感，余謂此首亦有憂讒畏譏之意，寄託遙深，庶幾風人之旨。栩莊漫記

楊柳枝　其一

春入行宮映翠微⊙玄宗侍女舞煙絲⊙如今柳向空城綠、玉笛何人更把吹⊙

音釋：

玄宗：指唐明皇。

玉笛：笛以玉爲之。〔羊士諤詩〕玉笛聞吹折楊柳。

宗按：

楊柳枝不當闌入詞中，於溫詞中已及之。

楊柳枝　其二

爛漫春歸水國時⊙吳王宮殿柳絲垂⊙黃鶯長叫空閨裡、西子無因更得知⊙

音釋：

西子：卽西施，春秋越之美女。

摘得新　其一

酌一巵，須教玉笛吹。錦筵紅蠟燭、莫來遲。繁紅一夜經風雨、是空枝。

集評：

皇甫松以天仙子，摘得新著名。然總不如憶江南二首，尤能以韻勝也。湯顯祖

「自是尋春去較遲」，情癡之感，亦負心之痛也。摘得新者，自不落風雨之後。湯顯祖

詞以含蓄爲佳，亦有不妨說盡者。皇甫子奇摘得新云：「繁紅一夜經風雨，是空枝。」語淡而沈痛欲絕。餐櫻廡詞話

語淺意深而不病其直者，格高故也。栩莊漫記

宗按：

卽「花開堪折」詩意，而視詩筆稍曲，不可不知。

摘得新　其二

摘得新⊙枝枝葉葉春⊙管弦兼美酒、最關人⊙平生都得幾十度、展香茵⊙

音釋：

茵：重席也。字同絪。〔晉書劉實傳〕見有絳蚊帳絪褥甚麗。「展香茵」，此謂宿妓所耳。

集評：

敲醒世人蕉夢，急當着眼。湯顯祖

黃叔暘稱此二詞爲達觀之見，余謂不若憶江南二闋情味深長，在樂天夢得上也。王國維

「未知平生當着幾兩屐」？昔誦此語，輒爲怊悵。子奇摘得新蓋竊取此意也。然其源皆出唐風蟋蟀之什。栩莊漫記

宗按：

達人實同此感，不必阮孚能之，更何必上溯三百篇耶？

夢江南 其一

蘭燼落、屏上暗紅蕉。閒夢江南梅熟日、夜船吹笛雨瀟瀟。人語驛邊橋。

音釋：

紅蕉：謂燭。

集評：

好景多在閒時，風雨瀟瀟何害。湯顯祖

厲孝廉樊榭論詞絕句：「頗愛花間斷腸句，夜船吹笛雨瀟瀟。」知味外味者

乃可語此，豈笨伯所能解乎？張泳川

夢境化境，詞雖盛於宋，實唐人開其先路也。白雨齋詞評

宗按：

夢江南至此，允稱佳作，白傅溫尉，瞠乎其後。

夢江南　其二

樓上寢、殘月下簾旌⊙夢見秣陵惆悵事、桃花柳絮滿江城⊙雙髻坐吹笙⊙

音釋：

簾旌：〔李商隱詩〕「蝙拂簾旌終展轉，鼠翻窗網小驚猜。」古人簾上加額，謂之簾旌。

秣陵：古地名，約今南京市地。始置於秦，歷漢，晉以迄南朝宋，俱仍之，惟治屢有變革，隋以後廢。

集評：

淒艷似飛卿，爽快似香山。白雨齋詞評

惟韋相有此種清靈之筆，深遠之韻，飛卿似所不及。栩莊漫記

宗按：

如置身清明上河圖中，與古爲徒。

採蓮子 其一

菡萏香連十頃陂⊙舉棹 小姑貪戲採蓮遲⊙年少 晚來弄水船頭溼、舉棹 更脫紅裙裹鴨兒⊙年少

音釋：

菡萏：ㄏㄢˇ ㄉㄢˇ，荷花也。〔釋文〕菡萏、荷華也，未開曰菡萏，已發曰芙蓉。

陂：音ㄆㄟ，池也。又澤畔障水之岸。〔詩、陳風、澤陂〕彼澤之陂。〔傳〕陂、澤障也。〔疏〕澤障、謂澤畔障水之岸。

集評：

人情中語，體貼工緻，不減覿面見之。湯顯祖

「更脫紅裙裹鴨兒」，寫女兒憨態可掬。栩莊漫記

宗按：

採蓮子二首，亦全爲七言絕句，旁注小字「舉棹」及「年少」，如樂府中之「董逃」、「上留田」，則歌時之和聲也。蓋詩詞交遞之際，詞尚未脫離絕句體型而獨立，似此之作，仍不得謂之詞。至張子澄柳枝雖仍七絕骨架，但已補入實字，別成詞調矣。朱子語類云：「古樂府只是詩中泛聲，後人怕失那泛聲，逐一添箇實字，遂成長短句，今曲子便是。」此意於子奇子澄二人之作，可見消息。

採蓮子　其二

船動湖光灧灧秋⊙舉棹 貪看年少信船流⊙年少 無端隔水拋蓮子、舉棹 遙被人知半日羞⊙年少

音釋：

灧灧：波光搖漾之貌。〔何遜望新月詩〕的的與沙靜，灧灧逐波輕。

信：任也。

集評：

寫出閨娃稚憨情態，匪夷所思，是何筆妙乃爾。餐櫻廡詞話

宗按：

脫裙裹鴨，隔水拋蓮，寫小兒女憨態已盡能事。此詩更妙，妙在無一閒句。「半日羞」三字，體貼入微，不獨憨態，兼之心事。

韋相莊　四十七首

韋莊字端己，杜陵人。乾寧元年登進士。授校書郎。王建開國，累官至吏部尚書，同平章事。卒謚文靖。有集二十餘卷。浣花集五卷。

附錄：

家兄自庚子亂離前，凡著歌詩文章數十通。屬兵火迭興，簡編俱墜。惟餘口誦者，所存無幾。爾後流離飄泛，寓目緣情，迄於癸亥歲，又綴僅千餘首。辛酉春，應聘爲蜀書記。明年，浣花溪尋得杜工部舊址，結茅爲室。思其人，欲成其處。藹因錄兄藁，或默誦者，次爲十卷。目之曰浣花集，亦杜陵所居之義也。浣花集韋藹編錄序略

集評：

韋詞明白如話，蘊情深至。升庵外集

韋相清空善轉，殆與溫尉異曲同工。蓮子居詞話

韋端己詞清豔絕倫，初日芙蓉春月柳，使人想見風度。介存齋論詞雜著

韋文靖詞與溫方城齊名。熏香掬艷，眩目憐心。尤能運密入疏，寓濃于淡。花間羣賢，殆鮮其匹。蕙風詞話

韋端己詞似紆而直，似達而鬱，最爲詞中勝境。白雨齋詞話

端己詞深語秀，雖規模不及後主正中，要在飛卿之上。觀昔人顏謝優劣論。可以知之矣。觀堂集林

「絃上黃鶯語」，端己語也。其詞品似之。韋端己之詞，骨秀也。人間詞話

浣溪沙　其一

清曉妝成寒食天⊙柳毬斜裊間花鈿⊙捲簾直出畫堂前⊙　指點牡丹初綻朶、日高猶自凭朱欄⊙含嚬不語恨春殘⊙

音釋：

柳毬：唐代婦女妝飾之一，以狀如柳花之毬插髻，宋人詞中往往有「蛾兒雪柳」、「撚金雪柳」等語，名曰：「鬧蛾兒」，似已衍變成元宵之應景妝飾矣。

宗按：

「捲簾直出」，憨態有餘；而「含嚬不語」，則已饒心事，前後微覺不類。

浣溪沙　其二

欲上鞦韆四體慵⊙擬交人送又心忪⊙畫堂簾幕月明風⊙此夜有情誰不極、隔牆梨雪又玲瓏⊙玉容憔悴惹微紅⊙

音釋：

交：同「教」。

忪：音ㄓㄨㄥ，怯也。〔玉篇〕：忪，驚也。又：惶遽也。

集評：

忪字亦湊韻湯顯祖

宗按：

後半不見精警，首兩句寫女兒情態，小有意致。

首兩句謂四肢慵倦，欲盪秋千，苦無氣力；擬倩女伴推送，而心又虛怯耳。「忪」字亦得，殊難斥爲「湊韻」。

浣溪沙 其三

惆悵夢餘山月斜。孤燈照壁背窗紗。小樓高閣謝娘家。暗想玉容何所似，一枝春雪凍梅花。滿身香霧簇朝霞。

校記：

孤燈句，「窗」字王本作「紅」，兩可。何所似，他本作「事」，非。

集評：

以暗想問起，則下二句形容快絕。湯顯祖

「梨花一枝春帶雨」，「一枝春雪凍梅花」皆善于擬人，妙于形容，視滴粉搓脂以爲美者，何啻仙凡。栩莊漫記

宗按：

梅花春雪，香霧朝霞，不獨寫美人容貌，亦極狀美人標格。象徵手法，可云高絕。玉川詩云：「相思一夜梅花發，忽到窗前疑是君。」庶足驂靳。惟過片一問，虛費七字，不若玉川之精利，此其大病。

浣溪沙 其四

綠樹藏鶯鶯正啼⊙柳絲斜拂白銅堤⊙弄珠江上草萋萋⊙日暮飲歸何處客、繡

鞍驄馬一聲嘶⊙滿身蘭麝醉如泥⊙

音釋：

白銅堤：〔樂府解題〕都邑二十四曲有白銅堤歌。亦曰襄陽白銅堤。〔崔國輔詩〕城中美少年，相見白銅堤。〔李白詩〕：襄陽行樂處，歌舞白銅堤。

弄珠：用鄭交甫解佩漢江，游女弄珠事。

集評：

痛飲眞吾師。湯顯祖

宗按：

「滿身蘭麝醉如泥」、狂與麯𤖟。視太白「醉入胡姬酒肆中」，「指點銀缾索酒嘗」，韻殆過之。

浣溪沙　其五

夜夜相思更漏殘。傷心明月凭闌干。想君思我錦衾寒。咫尺畫堂深似海、憶來惟把舊書看。幾時携手入長安。

集評：

想君憶來二句，皆意中意，言外言也。水中着鹽，甘苦自知。湯顯祖

善爲淡語，氣古使然。鄭文焯

對面着筆妙甚。好聲情。白雨齋詞評

韋端己浣溪沙云：「咫尺畫堂深似海，憶來惟把舊書看。」又謁金門：「新睡覺來無力，不忍把君書迹。」一意化兩，並皆佳妙。餐櫻廡詞話

「想君思我錦衾寒」句由己推人，代人念己，語彌淡而情彌深矣。栩莊漫記

宗按：

「咫尺」句有萬不得已之苦，「憶來」句見無可奈何之情，有此兩句，則前半之

展轉反側，與後結之寄望虛遐，皆有關聯，通篇靈動矣。

菩薩蠻 其一

紅樓別夜堪惆悵△香燈半掩流蘇帳△殘月出門時⊙美人和淚辭⊙琵琶金翠羽△絃上黃鶯語△勸我早歸家⊙綠窗人似花⊙

音釋：

流蘇帳：飾以流蘇之帳幕。〔海錄碎事〕流蘇者，乃盤結繪繡之毬，五色錯為之，同心而下垂者也。〔鄴中記〕石虎作流蘇帳，頂安金蓮花，花中懸金箔織成綩囊，囊受三升以盛香，帳之四面上十二香囊，采色亦同。

集評：

此詞蓋留蜀後寄意之作。一章言奉使之志。本欲速歸。詞選

語意自然，無刻畫之痕。芷齋詞綜偶平

情詞淒艷，柳耆卿之祖。婉約。白雨齋詞評

宗按：

端己晚年仕蜀，開國典章，皆出其手。且唐室云亡，宜不至惓惓如臯文所云者。況文意甚明，奈何曲解？

菩薩蠻 其二

人人盡說江南好，遊人只合江南老。春水碧於天，畫船聽雨眠。　壚邊人似月，皓腕凝霜雪。未老莫還鄉，還鄉須斷腸。

校記：

皓腕句，「霜」字它本作「雙」字。

集評：

此章述蜀人勸留之辭，即下章云：「滿樓紅袖招」也。江南即指蜀，中原沸

亂，故曰：「還鄉須斷腸」。詞選

強顏作愉快語，怕斷腸，腸亦斷矣。詞辨

端己菩薩蠻：「未老莫還鄉，還鄉須斷腸」又「凝恨對斜暉，憶君君不知」，歸國謠云：「別後只知相憶，淚珠難遠寄。」應天長云：「夜夜綠窗風雨，斷腸君信否。」皆留蜀後思君之辭。時中原鼎沸，欲歸不得。端己人品未爲高，然其情亦可哀矣。白雨齋詞評

一幅春水畫圖，意中是鄉思，筆下却說江南風景好，眞是淚溢中腸，無人省得。白雨齋詞評

宗按：

江南之好，足令人「憶」，足令人「夢」，眞所謂「人人盡說」矣，豈獨端己爲異於衆人？皋文亦峯輩必欲強爲之辭，經生家解詩餘毒，深不可拔，將謂「紅樓」、「翠羽」，「春水」、「畫船」，皆繫觚棱之思乎？是誠文學之瘴癘也。

菩薩蠻　其三

如今却憶江南樂△ 當時年少春衫薄△ 騎馬倚斜橋⊙ 滿樓紅袖招⊙ 翠屏金屈曲△ 醉入花叢宿△ 此度見花枝⊙ 白頭誓不歸⊙

音釋：

屈曲：或作屈戌。屏風之環紐，以鐵葉相鉤貫，可使之開闔者。〔梁簡文帝詩〕織錦屏風金屈戌。

集評：

上云「未老莫還鄉」，猶冀老而還鄉也。其後朱溫篡成，中原愈亂，遂決勸進之志，故曰：「如今却憶江南樂」，又曰：「白頭誓不歸」，則此詞之作，其在相蜀時乎。詞選

「如今却憶江南樂」是半面語，後半闋意不盡而語盡，「却憶」、「此度」，四字度人金針。詞辨

風流自賞，決絕語正是淒楚。白雨齋詞評

端己此二首自是佳詞，其妙處如芙蓉出水，自然秀艷。按韋曾二度至江南，此或在中和時作，與入蜀後無關。張氏詞選好爲附會，其言不足據也。栩莊漫記

宗按：

端己足跡遍江南各地，所至多有題詠，晚歲追懷，不勝悵悵，此是人情之常。皋文強作解事，必欲歸之忠愛，試問唐室建都，不在建康，地域違隔，豈可謂之江南？附會任心，可云謬甚！

此三首後結，首云：「勸我早歸家」，次云：「未老莫還鄉」，末云：「白頭誓不歸」，實有層次，年愈老而語愈堅，思愈深而情愈苦。

菩薩蠻　其四

勸君今夜須沈醉△　樽前莫話明朝事△　珍重主人心⊙　酒深情亦深⊙　須愁春漏短△　莫訴金杯滿△　遇酒且呵呵⊙　人生能幾何⊙

音釋：

呵呵：笑聲，〔廣雅釋訓〕呵呵，笑也。

集評：

一起一結，直寫曠達之思，與郭璞遊仙，阮籍詠懷，將毋同調。湯顯祖

端己菩薩蠻四章，惓惓故國之思，而意婉詞直，一變飛卿面目，然消息正是相通，余嘗謂後主之視飛卿，合而離者也，端己之視飛卿，離而合者也。白雨齋詞評

端己身經離亂，富于感傷，此詞意實沈痛，謂近阮公詠懷，庶幾近之，但非曠達語也，其源蓋出于唐風蟋蟀之什。栩莊漫記

宗按：

栩莊所云極是，臨川正未解也。

菩薩蠻　其五

洛陽城裏春光好。洛陽才子他鄉老。柳暗魏王堤。此時心轉迷。桃花春水淥。水上鴛鴦浴。凝恨對殘暉。憶君君不知。

校記：

凝恨句，「殘」字一作「斜」，兩可。

集評：

可憐可憐，使我心惻。湯顯祖

此章致思唐之意。詞選

「洛陽才子他鄉老」，是至此揭出。項莊舞劍，怨而不怒之義。詞辨

韋端己菩薩蠻四章，間有樸實處而伊鬱郎寓其中，淺率粗鄙者，不得藉口。白雨齋詞評

此首以詞意按之，似是客洛陽時作，與前諸首無可聯系處，亦無從推斷爲入蜀暮年之詞也。栩莊漫記

宗按：

臨川自作多情；他家強作解事；栩莊所論得之矣。但謂爲「客洛陽時作」，微嫌武斷。蓋不在洛陽，而想像洛陽春色，以致慨歎，亦無不可也。

歸國謠　其一

春欲暮△滿地落花紅帶雨△惆悵玉籠鸚鵡△單棲無伴侶△南望去程何許△問花花不語△早晚得同歸去△恨無雙翠羽△

集評：

還不是解語花，不問也得。湯顯祖

宗按：

湯評云云，無聊之甚！

歸國謠　其二

金翡翠△爲我南飛傳我意△罨畫橋邊春水△幾年花下醉△別後只知相愧△淚珠難遠寄△羅幕繡幃鴛被△舊歡如夢裏△

音釋：

霅畫：霅音一ㄢˇ，霅畫，溪名。在浙江省長興縣西，亦曰西溪。溪上有霅畫亭。〔倪瓚西溪草堂詩〕春水孤村迥，荆溪霅畫西。

集評：

別後只知相愧，眞有此情。白雨齋詞評

五代詩有語極樸拙而情致極深者，如韋相「別後只知相愧，淚珠難遠寄。」是也。栩莊漫記

宗按：

調爲歸國謠，而端己不因此寄意，乃云「繡幃鴛被」，可見其初無仕蜀思唐之念。皋文於此，不復喋喋，幸甚！幸甚！

歸國謠　其三

春欲晚△　戲蝶迷蜂花爛漫△　日落謝家池館△　柳絲金縷斷△　睡覺綠鬟風亂△　畫屏雲雨散△　閒倚博山長歎△　淚流沾皓腕△

音釋：

博山： 彝器上所刻山形之裝飾。有博山爐或博山鐘等。〔考古圖〕香爐象海中博山，下盤貯湯，使潤氣蒸香，以象海之四環。〔古樂府楊叛兒〕暫出白門前，楊柳可藏烏，歡作沈水香，儂作博山罏。

集評：

好風光。湯顯祖

柳絲金縷斷，斷字極劣。栩莊漫記

宗按：

此在花間，不過平平之作，了無精警之處。「斷」字欠佳，「腕」字亦趁韻。

應天長 其一

綠槐陰裏黃鶯語△深院無人春晝午△畫簾垂、金鳳舞△寂寞繡屏香一炷△碧天雲、無定處△空有夢魂來去△夜夜綠窗風雨△斷腸君信否△

音釋：

否：ㄈㄡˇ，音府，以後同。

校記：

「炷」字歷代詩餘作「縷」字，兩可。

集評：

端己菩薩蠻「凝恨對斜暉，憶君君不知。」未嘗不妙，然不及「斷腸君信否」。白雨齋詞評

宗按：

「憶君」、「斷腸」二句，只此一意，幾成濫調，又何必短長於其間。

應天長　其二

別來半載音書絕△一寸離腸千萬結△難相見、易相別△又是玉樓花似雪△暗相思、無處說△惆悵夜來煙月△想得此時情切△淚沾紅袖黦△

音釋：

黦：音ㄧㄝˋ或ㄩˋ，色變也，與黬同。（周處風土記）梅雨沾衣，服皆敗黦。

集評：

升庵外集云：黦、黑而有文也。此字文中罕用，惟花間集韋莊及毛熙震詞中見之。按此字亦見于風土記：「梅雨沾衣皆敗黦。」字一作䵴，未知所本。栩莊漫記

宗按：後起自道，後結揣擬所思之人。

荷葉盃 其一

絕代佳人難得△傾國△花下見無期⊙一雙愁黛遠山眉⊙不忍更思惟⊙ 閒掩翠屏金鳳△殘夢△羅幕畫堂空⊙碧天無路信難通⊙惆悵舊房櫳⊙

音釋：

絕代佳人難得：〔漢書〕李延年歌：「北方有佳人，絕世而獨立。一顧傾人城，再顧傾人國。寧不知傾城與傾國，佳人難再得。」

集評：

「不忍更思維」五字，淒然欲絕，姬獨何人，能不斷腸乎。白雨齋詞評

宗按：

白雨齋好言寄託，於此五字，亟稱道之，乃作鴛鴦蝴蝶派論調，抑何故耶？

荷葉盃　其二

記得那年花下，深夜，初識謝娘時。水堂西面畫簾垂，攜手暗相期。惆悵曉鶯殘月，相別，從此隔音塵。如今俱是異鄉人，相見更無因。

集評：

情景逼眞，自與尋常艷語不同。湯顯祖

鍾仲偉云：「觀古今勝語，多非補假，皆由直尋。」于韋詞益諒其言。鄭文焯

眞能攄摽擗之憂，發踟躕之愛。蓮子居詞話

語淡而悲。蒿廬詞話

怊悵曉鶯殘月。相別，足抵柳屯田楊柳岸曉風殘月一闋。栩莊漫記

宗按：

眞情實語，字字親切，故與泛泛虛套者不同，讀之令人一唱三歎。前半用「花下」、「深夜」、「水堂」、「畫簾」，全神貫注，在一「暗」字。荷葉盃三換韻，其換韻處銜接無痕，方是妙手。此詞「夜」「時」與「別」「塵」之間，一氣不斷，信是難得。試與前首相較，有上下牀之別矣。蒿廬所云，是矣，猶未達一間也。

清平樂　其一

春愁南陌△　故國音書隔△　細雨霏霏梨花白△　燕拂畫簾金額△　盡日相望王孫⊙
塵滿衣上淚痕⊙　誰向橋邊吹笛、駐馬西望銷魂⊙

音釋：

王孫：貴族之後裔，猶言貴公子也。〔左氏哀十六〕王孫若安靖楚國。〔楚辭淮南小山王招隱士〕王孫遊兮不歸，春草生兮萋萋。〔文選馬融長笛賦」游閒公子，暇豫王孫。

集評：

下半闋筆極靈婉。栩莊漫記

宗按：

下半交代欠明；兩用「望」字，亦不見佳。

清平樂　其二

野花芳草△　寂寞關山道△　柳吐金絲鶯語早△　惆悵香閨暗老△　羅帶悔結同心⊙
獨凭朱欄思深⊙　夢覺半牀斜月、小窗風觸鳴琴⊙

音釋：

凭：ㄅㄧㄣˇ。
思：ㄙˋ。

集評：

坡老詠琴，已脫風旛公案。風觸鳴琴，是風是琴，請更轉一解。湯顯祖

前半說遠，後半說近。蒿廬詞話

昔愛玉溪生「三更三點萬家眠，露結爲霜月墮烟。鬬鼠上堂蝙蝠出，玉琴時動倚窗弦。」一詩，以爲清婉超絕。韋相此詞以「惆悵香閨暗老」爲骨，亦盛年自惜之意，而以「夢覺半牀斜月，小窗風觸鳴琴」爲點醒，其聲情綿邈，設色雋美，抑又過之。栩莊漫記

宗按：

結語小有情致；臨川「更轉一解」，可謂無聊多事。

清平樂　其三

何處遊女△蜀國多雲雨△雲解有情花解語△窣地繡羅金縷△妝成不整金鈿⊙含羞待月鞦韆⊙住在綠槐陰裏、門臨春水橋邊⊙

音釋：

窣地：窣音ㄘㄨˋ，垂地也。〔唐玄宗初入秦川路逢寒食詩〕洛陽芳樹映天津，灞岸垂楊窣地新。

集評：

末二句寫景如畫。栩莊漫記

宗按：

首句句法，已似河傳，與清平樂不合，「處」字恐誤。

清平樂　其四

鶯啼殘月△繡閣香燈滅△門外馬嘶郎欲別△正是落花時節△　妝成不畫蛾眉⊙含愁獨倚金扉⊙去路香塵莫掃、掃即郎去歸遲⊙

集評：

情與時會，倍覺其慘。如此想頭，幾轉法華。湯顯祖

與飛卿門外草萋萋二語，意正相近。蒿廬詞話

宗按：

前半情境殊佳，然視飛卿「門外」二語，究遜一籌。結尾太造作，遂欲少味。

望遠行

欲別無言倚畫屏⊙含恨暗傷情⊙謝家庭樹錦鷄鳴⊙殘月落邊城⊙。。。。人欲別、馬頻嘶⊙綠槐千里長堤⊙出門芳草路萋萋⊙雲雨別來易東西⊙不忍別君後、卻入舊香閨⊙

宗按：

「含恨」五字，濫套。後半精鍊不如牛松卿望江怨，然視薛昭蘊離別難，則又略勝。

謁金門　其一

春漏促△金燼暗挑殘燭△一夜簾前風撼竹△夢魂相斷續△　有箇嬌饒如玉△夜夜繡屏孤宿△閒抱琵琶尋舊曲△遠山眉黛綠△

音釋：

嬌饒：亦作嬌嬈，嬌姚，美也。〔元稹悼女樊詩〕爲占嬌饒分，良多眷戀誠。〔溫庭筠懷貞珠亭詩〕珠箔金鉤對彩橋，昔年於此見嬌饒。

集評：

情不知所起，一往而深。湯顯祖

閒抱琵琶尋舊曲，直是無聊之思。同上

宗按：

末二句，文氣不屬；亦無言外意可尋。「相斷續」一語，「相」字亦未安。

謁金門　其二

空相憶。無計得傳消息。天上常娥人不識。寄書何處覓。　新睡覺來無力。不忍把伊書跡。滿院落花春寂寂。斷腸芳草碧。

校記：

不忍句，王本「伊」字作「君」，兩可。

宗按：

末二句，尚蘊藉。

江城子　其一

恩重嬌多情易傷。漏更長。解鴛鴦。朱脣未動、先覺口脂香。緩揭繡衾抽皓腕、移鳳枕、枕潘郎。

音釋：

更：ㄍㄥ，或讀ㄐㄧㄥ。

潘郎：潘岳，丰儀俊美，後世以潘郎代美男子，謂所歡也。

集評：

全篇摹畫屏境，而詠賞其流連狼藉，言簡而旨達矣。湯顯祖

恩重嬌多情易傷，此語非于情中極有閱歷者不能道。況周頤

宗按：

「恩重」句，雖直陳語，亦誠如蕙風所云，是親身體驗得來。

「朱唇」句，意態可人。

「鳳枕」與「皓腕」四字，互換何如！

江城子　其二

髻鬟狼藉黛眉長⊙出蘭房⊙別檀郎⊙角聲嗚咽、星斗漸微茫⊙露冷月殘人未起、留不住、淚千行⊙

音釋：

檀郎：婦女稱其所歡爲檀奴，檀郎。〔李賀牡丹種曲詩〕檀郎謝女眠何處，樓庭月明燕夜語。〔曾謙益注〕潘安，小字檀奴，故婦人呼其所歡爲檀郎。

集評：

韋相江城子二首描寫頑豔，情事如繪，其殆作於江南客遊乎？栩莊漫記

宗按：

栩莊所云，極近情理。菩薩蠻諸闋，則追懷之作耳。

皋文輩不容古人有一語及狹邪者，一何可笑。

結尾六字，分兩層說，尚可；如作折腰，則「留」應作「流」矣。

河傳　其一

何處煙雨，隋堤春暮，柳色葱蘢。畫橈金縷、翠旗高颭香風，水光融。青娥殿脚春妝媚，輕雲裡，綽約司花妓，江都宮闕、淸淮月映迷樓，古今愁。

音釋：

殿脚：〔開河記〕煬帝詔造大船，泛江沿淮而下，於是吳越間取民間女年十五六歲者五百人，謂之殿脚女，每船用采纜十條，每條用殿脚女十人，嫩羊十口，令殿脚女與羊相間而行牽之。〔大業拾遺記〕帝御龍舟，每舟擇妙麗長白女子千人，執雕板縷金檝，號爲殿脚女。

綽約：即婉約，美好之貌。〔莊子逍遙遊〕肌膚若冰雪，綽約若處子。〔文選司馬相如上林賦〕便嬛綽約。

司花伎：即司花女，隋女官。〔隋遺錄〕煬帝幸江都，洛陽人獻合蒂迎輦花，帝令御女袁寶兒持之，號司花女。

江都：郡名，隋置，在今江蘇省江都縣。

迷樓：隋煬帝所築，故址在今江蘇省江都縣西北。〔迷樓記〕項昇能築宮室，經歲而成。千門萬牖，工巧之極，自古無有。人誤入者，雖終日不能出。煬帝幸之，顧左右曰：使眞仙遊此，亦當自迷，可目之曰「迷樓」。

集評：

清淮月映句，感慨一時，涕淚千古。 湯顯祖

浣花集中，此詞最有骨。蒼凉。 白雨齋詞評

全詞以何處領起。中段詞藻極其富麗，而以古今愁三字結之，化實爲空，以盛映衰，筆極宕動空靈。 栩莊漫記

宗按：

河傳一調，創始於隋，煬帝開運河所製之勞歌也。此首仍用本意。諸家所評，均具見地。「何處」二字，謂想像中有之，而實無所見也。

河傳　其二

春晚△風暖△錦城花滿△狂殺遊人⊙玉鞭金勒、尋勝馳驟輕塵⊙惜良晨⊙　翠娥爭勸臨邛酒△纖纖手△拂面垂絲柳△歸時煙裡、鍾鼓正是黃昏⊙暗銷魂⊙

音釋：

臨邛酒：臨邛，縣名，秦置，今四川省邛崍縣。漢司馬相如與卓文君於臨邛，買一酒舍酤酒，而令文君當壚。

校記：

「暖」字一本作「輭」，兩可。

宗按：

詞中六字兩句，最忌板滯拼湊。此首「鍾鼓」句與後首「時節」句，皆用「正是」二字，殊病冗弱，不足爲賢者諱也。

河傳 其三

錦浦△春女△繡衣金縷△霧薄雲輕⊙花深柳暗、時節正是清明⊙雨初晴⊙玉鞭魂斷烟霞路△鶯鶯語△一望巫山雨△香塵隱映、遙見翠檻紅樓⊙黛眉愁⊙

音釋：

巫山雨：宋玉高唐賦：「妾在巫山之陽，高丘之阻，且爲行雲，暮爲行雨。」

宗按：

河傳三章，首章本意，風光旖旎；次章稍弱；至此已成強弩之末。

天仙子　其一

悵望前回夢裡期⊙看花不語苦尋思⊙露桃宮裡小腰肢⊙眉眼細、鬢雲垂⊙唯有多情宋玉知⊙

音釋：

宋玉：戰國楚鄢人。屈原弟子，官楚大夫，所作登徒子好色賦有云：「……此女登牆闚臣三年，至今未許也。」後人遂以宋玉爲美男子之稱。

露桃：王昌齡詩：「昨夜風開露井桃，未央前殿月輪高。」又杜牧詩：「細腰宮裏露桃新，脈脈無言幾度春。」

校記：

「宮」，鄂本作「花」，前注王李二家詩皆涉及宮殿，依吳本作「宮」勝，且上句已有「花」字，亦嫌複。

宗按：

末句「知」字所指，謂首句「夢裡」之期也。「露桃」三句，只是揷入，不覺稍隔。

天仙子　其二

深夜歸來長酩酊△扶入流蘇猶未醒△醺醺酒氣麝蘭和⊙驚睡覺、笑呵呵⊙常道人生能幾何⊙

音釋：

酩酊：ㄇㄧㄥˋ、ㄉㄧㄥˇ謂醉甚也。〔晉書山簡傳〕往至高陽池，日夕倒載歸，酩酊無所知。

醒：ㄒㄧㄥˇ。

校記：

常道句，各本作「長」，依歷代詩餘作「常」勝。首句已有「長」字，義同。

集評：

有此和法，便不覺其酒氣，雖爛醉如泥，受用矣。湯顯祖

此詞寫醉公子憨態如掬。與「門外猧兒吠」一詞可合看也。栩莊漫記

宗按：

此首一氣貫注，自婦人眼中，見狂奴故態，一洩無餘，不似「門外猧兒吠」一詞之轉折深入，耐人尋味。

首兩句仄韻起，至第三句忽轉平，因同爲七字句，故「和」字韻承頂之力，終不如全章用平之爲勝也。

天仙子　其三

蟾彩霜華夜不分。天外鴻聲枕上聞。繡衾香冷嬾重熏。人寂寂、葉紛紛。纔睡依前夢見君。

音釋：

蟾彩：月光也。〔鮮于侁，新堂夜坐詩〕清宵望蟾彩，宜付一杯酒。〔貢奎夜坐詩〕涼露浴蟾彩，浮雲澹河流。

集評：

清婉。栩莊漫記

宗按：

情思纏緜，精神困乏，意在辭外，末語尤深摯。

天仙子　其四

夢覺銀屏依舊空⊙杜鵑聲咽隔簾櫳⊙玉郎薄倖去無蹤⊙一日日、恨重重⊙淚界蓮腮兩線紅⊙

音釋：

界：劃也。

集評：

詞用界字，始于韋端己天仙子淚界蓮腮兩線紅。宋子京蝶戀花效之云：「淚落燕支，界破蜂黃淺。」遂成名句。雨村詞話

韋詞運密入疏，寓濃于淡，如天仙子蟾彩霜華，夢覺雲屏二首及浣溪沙，謁金門，清平樂諸詞，非徒以麗句擅長也。況周頤

宗按：

「界」字，亦卽「闌干」之意。粉面淚痕，不易得一動詞以狀之，著一「界」字，不獨清新，亦見生動。

夢覺屏空，示人之未歸；隔簾鵑咽，恨人之未歸，至「玉郎」句始點明，便無一虛設語。

三字兩句，近於率筆，「一日日」，見淹留之久，「恨重重」，寫悵望之深，故不覺其率。蕙風所謂運密入疏，正不易爲。若信筆苟作，便成膚泛。

天仙子　其五

金似衣裳玉似身⊙眼如秋水鬢如雲⊙霞裙月帔一羣羣⊙來洞口、望煙分⊙劉阮不歸春日曛⊙

音釋：

劉阮：卽劉晨阮肇，見前溫詞思帝鄉及皇甫詞天仙子注。

曛：日入餘光也。

集評：

若無此結句，確乎當刪。湯顯祖

以上四首均佳，卒章何率意乃爾，豈強弩之末，江淹才盡耶。同上

此首正合題目，唐五代詞詞意卽用本題者多有之，似非強弩之末也。栩莊漫記

宗按：

雖用本意，究非佳篇。

喜遷鶯　其一

人洶洶、鼓鼕鼕⊙襟袖五更風⊙大羅天上月朦朧⊙騎馬上虛空⊙　香滿衣、雲滿路△鸞鳳繞身飛舞△霓旌絳節一羣羣⊙引見玉華君⊙

音釋：

洶洶；音ㄒㄩㄥˇ，此處上聲，非韻，謂人聲嘈雜。

大羅天：道家以最高之天爲大羅天。〔酉陽雜俎玉格〕三清上曰大羅。〔雲笈七籤、天地部〕玉京山經曰：玉京山冠於八方諸大羅山，其山自然生七寶樹，一株乃彌覆一天，八樹彌覆八方大羅天矣。元始經云：大羅之境，無復眞宰，惟大梵之氣包羅諸天。

霓旌：一作蜺旌。〔史記司馬相如傳〕拖霓旌，靡雲旗。〔岑參題觀樓詩〕羽蓋霓旌何處在，空留藥臼在人間。

絳節：〔庾信贈司寇淮南公詩〕傳呼擁絳節，交戟映彤闈。〔杜甫玉臺觀詩〕中天積翠玉臺遙，上帝高居絳節朝。

玉華君：〔李康成玉華仙子歌〕紫陽仙子名玉華，珠盤承露餌丹砂。

宗按：

喜遷鶯調，本意寫科場及第，金榜題名之樂。韋詞二首，均取本意。此首用登仙之語，以示殊榮，其意雖俗，其詞尙有朦朧之美。後首更明，便覺更遜。

喜遷鶯　其二

街鼓動、禁城開⊙天上探人廻⊙鳳銜金榜出雲來⊙平地一聲雷⊙　鶯已遷、龍已化△一夜滿城車馬△家家樓上簇神仙⊙爭看鶴沖天⊙

音釋：

鶯遷：謂鶯出幽谷而遷喬木。喻由困而亨，自卑而高也。〔元好問與宗秀才詩〕鶯遷高樹音容改，魚得明珠尾鬣殊。

龍化：魚化爲龍。〔清異錄魚〕鯉魚多是龍化，額上有眞書王字者，名王字鯉。〔秦韜玉送友人罷舉授南陵令詩〕獻賦未爲龍化去，除書猶喜鳳銜來。

鶴沖天：「鶯遷」、「龍化」、「鶴沖」，皆古代士人，及第時比擬之辭，謂一舉成名也。喜遷鶯詞，因端已有此語，後人取此三字，亦名鶴沖天。

校記：

鳳銜句，王本「雲」字作「門」。「雲」字勝。

集評：

讀張道陵傳，每恨白日鬼話，便頭痛欲睡。二詞亦復類此。湯顯祖

藝林伐山云：世傳大羅天，放榜于蕊珠宮。韋相此詞所詠，雖涉神仙，究指及第而言，未得以鬼話目之。栩莊漫記

宗按：

此詞視前首更明，寫新進士放榜之後，歡動禁城。末二語謂走馬天街，萬人爭看，公卿内眷，登樓相婿之事，亦或有之。帝制時代，目爲大典殊榮，詞中所述，亦屬實事，雖主題近俗，而當時情景，如在目前。昔人所作喜遷鶯詞，大都用本意，寫科場報捷之盛，時代不同，正不必以熱中仕進斥之。試思近歲市民迎選手歸國時情景，相去幾何？後之視今，亦猶今之視昔也。

思帝鄉　其一

雲髻墜、鳳釵垂。髻墜釵垂無力、枕函欹。翡翠屏深月落、漏依依。說盡人間天上、兩心知。

音釋：

枕函：枕匣也。〔司空圖楊柳枝壽杯詩〕偶然樓上捲珠簾，往往長條拂枕函。

欹：音く一，傾側貌。

宗按：

第三句，重用「髻墜釵垂」四字，似優伶曲白，何以韋相忽然貧窘，誠不可解。

思帝鄉　其二

春日遊，杏花吹滿頭。陌上誰家年少、足風流。妾擬將身嫁與、一生休。縱被無情棄、不能羞。

校記：

縱被句，「棄」亦作誤，兩可，「無」「誤」雙聲，作「棄」微勝。

集評：

小詞以含蓄爲佳，亦有作決絕語而妙者。如韋莊：「誰家年少，足風流。妾擬將身嫁與，一生休。縱被無情棄，不能羞。」牛嶠「須作一生拚，盡君今日歡。」抑亦其次。鐵水軒詞筌

爽雋如讀北朝樂府「阿婆不嫁女，那得孫兒抱」諸作。栩莊漫記

宗按：

少女一時直覺，如浮漚起滅，轉瞬卽逝。有此念者，幾不自知，更必不舉以告人，獨詩人不待其告而知之，而代言之，而痛快言之，卽此已是大妙，他無論已。

訴衷情　其一

燭燼香殘簾未捲、夢初驚。花欲謝△深夜△月朧明。何處按歌聲。輕輕。舞衣塵暗生。負春情。

校記：

燭燼句，晁本「未」字作「半」。

集評：

音節極諧婉。栩莊漫記

宗按：

溫柔敦厚之作，花間不多見也。

訴衷情 其二

碧沼紅芳煙雨靜、倚蘭橈⊙垂玉佩△交帶△裊纖腰⊙鴛夢隔星橋⊙迢迢⊙越羅香暗消⊙墜花翹⊙

星橋：銀河之稱。〔庾信望月詩〕天漢看珠蚌、星橋視桂花。〔張文恭七夕詩〕星橋百枝動、雲路七香飛。

花翹：首飾。〔蔡襄詩〕花翹零落隨衣裾。

集評：

此詞在成都作。蜀之妓女，至今有花翹之飾，名曰翹花兒云。湯顯祖

鴛夢隔星橋五字，有仙氣，亦有鬼氣。白雨齋詞評

宗按：

鴛夢一句，似南宋人筆調。何疑乎「仙」、「鬼」？

上行盃　其一

芳草灞陵春岸△柳烟深、滿樓弦管△一曲離歌腸寸斷△　今日送君千萬△紅縷玉盤金鏤盞△須勸△珍重意、莫辭滿△

校記：

一曲句，王本作「一曲離腸寸寸斷」，一作「一曲離聲腸寸斷」，音義均有未安，歷代詩「一曲歌腸寸斷」。

紅縷句，王本「縷」字作「鏤」。

集評：

勸君更盡一杯酒，西出陽關無故人，同此淒艷。白雨齋詞評

宗按：

上行盃爲餞別之曲，兩首俱用本意。詞直而情深。「今日」句語欠圓足。

後結六字，似爲調中例句。

上行盃 其二

白馬玉鞭金轡△少年郎、離別容易△迢遞去程千萬里△　惆悵異鄉雲水△滿酌一盃勸和淚△須愧△珍重意、莫辭醉△

宗按：

「勸和淚」三字未妥，意謂「和淚勸」，「勸」字失韻，故云。「須愧」句，語意不明。

女冠子 其一

四月十七△正是去年今日△別君時⊙忍淚佯低面、含羞半斂眉⊙　不知魂已斷、空有夢相隨⊙除却天邊月、沒人知⊙

集評：

直書情緒，怨而不怒，騷雅之遺也。但嫌與題意稍遠，類今日傳奇家言。湯顯祖

起得灑落。忍淚十字，眞寫得出。白雨齋詞平

「不知」得妙，夢隨乃知耳。若先知，那得有夢。惟有月知，則常語耳。湘綺詞選

宗按：

「四月十七」，直而且拙，正因直拙，益見其深摯之情。後主搗練子：「誰知九月初三夜，露似珍珠月似弓」，賀方回迎春樂：「三月十三寒食夜」，讀之皆能感人，直拙何足病哉！

女冠子　其二

昨夜夜半△　枕上分明夢見△　語多時⊙　依舊桃花面、頻低柳葉眉⊙　半羞還半喜、欲去又依依⊙　覺來知是夢、不勝悲⊙

集評：

韋相女冠子「四月十七」一首描摹情景，使人怊悵。而昨夜夜半一首稍爲不及。以結句意盡故也。若士謂與題意稍遠，實爲膠柱之見，唐詞不盡本題意，何足爲病。栩莊漫記

宗按：

兩詞於換韻時，俱用「時」字，荷葉盃「記得那年花下」一首亦同。皆承接極穩。「四月十七」，「昨夜夜半」，「那年」、「深夜」，皆「時」也，讀者於此等處，亦宜細味之。

花間諸家女冠子詞，皆用本意，獨韋相二首不同，首句音節亦小異。臨川「嫌與題意稍遠」，栩莊謂「爲膠柱之見」。僕初讀此二首，亦與臨川同感，蓋此調在唐五代時，創調未久，作家尚悉遵本意，韋相不宜獨異。竊謂他家之作，文調切合，乃爲文造情，未必眞依事實。韋相文不符調，乃爲情造文，反出眞意。疑韋相所戀之人，乃眞女冠，事眞情眞，又不能不深諱其人，故暗寓其人於調，作者之用心，善讀者宜能知之。如所揣不誣，則實者反虛，而虛者反實。若徒從字面

着眼，轉爲作者所賺矣。

更漏子

鍾鼓寒、樓閣暝△月照古桐金井△深院閉、小庭空⊙落花香露紅⊙　煙柳重、春霧薄△燈背水窗高閣△閑倚戶、暗沾衣⊙待郎郎不歸⊙

集評：

落花五字，淒絕秀絕。結筆楚楚可憐。白雨齋詞平

宗按：

白雨齋此評二語，差強人意。

酒泉子

月落星沈⊙樓上美人春睡△綠雲傾、金枕膩△畫屏深⊙　子規啼破相思夢△曙

色東方纔動。。柳煙輕。。花露重。。思難任。

音釋：

思：ㄙˋ，去聲。

任：ㄖㄣˊ，平聲。

綠雲：喻美人之髮。〔元稹劉阮妻詩〕芙蓉脂肉綠雲鬟，罨畫樓臺青黛山。〔杜牧阿房宮賦〕綠雲擾擾，梳曉鬟也。〔箋解〕髻鬟新綰，如天外綠雲。

集評：

不做美的子規，故當夜半啼血。湯顯祖

宗按：

端己詞亦常用艷字，如「綠雲」、「金枕」、「畫屏」之類，究不如飛卿之稠疊惹眼，故自稍勝。

木蘭花

獨上小樓春欲暮△愁望玉關芳草路△消息斷、不逢人、卻斂細眉歸繡戶△坐看落花空歎息△羅袂溼斑紅淚滴△千山萬水不曾行、魂夢欲教何處覓△

集評：

千山魂夢二語，盪氣廻腸，聲哀情苦。栩莊漫記

宗按：

花間諸作，多寫閨閣相思之情，亦見征戍行役之苦。豈無一二豪傑之士，突破藩籬，至令千篇一律如是？一則詞體初成，摘艷熏香，視爲文風之正；再則時代不安，勞人思婦，已屬世事之常也。

木蘭花體格與後人所作不異，惟第三句，用六字折腰，句法微有不同，至前後各爲一韻，終嫌割裂。

小重山

一閉昭陽春又春⊙夜寒宮漏永、夢君恩⊙臥思陳事暗銷魂⊙羅衣濕、紅袂有啼痕⊙　歌吹隔重閽⊙遶庭芳草綠、倚長門⊙萬般惆悵向誰論⊙凝情立、宮殿欲黃昏⊙

音釋：

吹：ㄔㄨㄟˋ。

論：ㄌㄨㄣˊ。

長門：漢宮名，在陝西省長安縣東北。見前注所引司馬相如長門賦序。

校記：

凝情句，「凝」作「顒」，不辭，非。

集評：

紅袖句向作「新搵舊啼痕」，語更超遠。湯顯祖

宮殿欲黃昏，何等淒絕，詞中妙句也。仝上

長門一步，不肯回車，此詞可謂善于翻案。楊愼

猶是唐人宮怨絕句，而楊湜乃附會穿鑿，謂因建奪其寵姬而作矣。栩莊漫記

宗按：

楊湜之言，謬不足據，栩莊所見極是。

紅袂句，他本無作「新搵舊啼痕」者，臨川云云，特傳奇家聲調，自以爲佳，竟欲以之亂古人楮葉，可歎！

薛侍郎

昭蘊 十九首

薛昭蘊，河東人，蜀侍郎。

集評：

薛昭蘊詞雅近韋相，清綺精艷，亦足出人頭地，遠在毛文錫上。栩莊漫記

浣溪沙 其一

紅蓼渡頭秋正雨、印沙鷗跡自成行。整鬟飄袖野花香。不語含嚬深浦裏、幾回愁煞棹船郎。燕歸帆盡水茫茫。

集評：

天空鳥飛，水落石出，凡景皆然。湯顯祖

宗按：

首句失韻，致前後片全同，大損調風。

浣溪沙 其二

鈿匣菱花錦帶垂⊙靜臨蘭檻卸頭時⊙約鬟低珥算歸期◯茂苑草青湘渚闊、夢餘空有漏依依⊙二年終日損芳菲⊙

音釋：

卸頭：即卸妝。〔韓偓閨情詩〕猶自醺酣未卸頭。〔司空圖、燈花詩〕逐他女伴卸頭遲。

校記：

茂苑句，王本作「花茂」，無論「茂苑」或「花茂」，皆不妥。

宗按：

詞無可取。

浣溪沙　其三

粉上依稀有淚痕⊙郡庭花落欲黃昏⊙遠情深恨有誰論⊙　記得去年寒食日、延秋門外卓金輪⊙日斜人散暗消魂⊙

音釋：

論：ㄌㄨㄣˊ。

延秋門：唐宮城門名。〔舊唐書玄宗紀〕凌晨自延秋門出，微雨霑濕。〔雍錄〕唐禁苑，西北包漢長安故城未央宮，唐後改爲通光殿，西出卽延秋門。

卓：立也，駐也、見前注。

校記：

郡庭句，吳本「欲」字作「歛」，非。

集評：

日斜人散，對此者誰不消魂。白雨齋詞評

宗按：

日斜人散，小有意致，究竟爲尋常語，不關痛癢語，而白雨齋劇稱道之，豈其所謂沈鬱者耶？果若是，則世間無病呻吟之作，皆可假沈鬱溫厚以自高矣。

浣溪沙 其四

握手河橋柳似金⊙蜂鬚輕惹百花心⊙蕙風蘭思寄清琴⊙　意滿便同春水滿、情深還似酒盃深。楚煙湘月兩沈沈。

音釋：

思：ㄙˋ，去聲。

集評：

俗筆。湯顯祖

蜂鬚輕惹百花心，巧麗極矣，未經人道語。然祇合入詞，入詩則流于纖矣。栩莊漫記

宗按：

湯顯祖訾此章爲俗筆，頗具眼光；栩莊賞其「蜂鬚」句，稍嫌寬假。

浣溪沙 其五

簾下三間出寺牆。滿街垂柳綠陰長。嫩紅輕碧間濃妝。瞥地見時猶可可、却來閒處細思量。如今情事隔仙鄉。

音釋：

間：音ㄐㄧㄢˋ，去聲。

可可：猶言「不在意」也。

宗按：

瞥地一見，閒處方思，何需費如許筆墨！

浣溪沙 其六

江館清秋攬客船⊙故人相送夜開筵⊙麝烟蘭焰簇花鈿⊙　正是斷魂迷楚雨、不堪離恨咽湘絃⊙月高霜白水連天⊙

集評：

一結便有怊悵不盡之意，可謂善于融情入景。栩莊漫記

宗按：

未嘗不佳，以視潯陽江頭，則失之淺。

浣溪沙 其七

傾國傾城恨有餘。幾多紅淚泣姑蘇。倚風凝睇雪肌膚。　吳主山河空落日、越王宮殿半平蕪。藕花菱蔓滿重湖。

集評：

伯主雄圖，美人韻事，世異時移，都成陳跡。三句寫盡無限蒼涼感喟，此種深厚之筆，非飛卿輩所企及者。栩莊漫記

宗按：

小詞而能發千古興亡之感，掃一時輕綺之風，花間集中，不可多得，不獨非其餘七闋所能望塵也。

浣溪沙 其八

越女淘金春水上、步搖雲鬢珮鳴璫⊙渚風江草又清香⊙不爲遠山凝翠黛、只應含恨向斜陽⊙碧桃花謝憶劉郎⊙

音釋：

步搖：首飾名。〔釋名、釋首飾〕步搖，上有垂珠，步則搖也。〔白居易、長恨歌〕雲鬢花顏金步搖。

宗按：

首句失韻，與第一首同。末句佳，但恨無篇。

喜遷鶯　其一

殘蟾落、曉鍾鳴⊙羽化覺身輕⊙乍無春睡有餘酲⊙杏苑雪初晴⊙　紫陌長、襟袖冷△不是人間風景△迴看塵土似前生⊙休羨谷中鶯⊙

音釋：

羽化：謂人飛升化爲神仙也。〔晉書、許邁傳〕徧遊名山，後莫測所終，好道者，皆謂之羽化。

酲：音ㄔㄥˊ，病酒也。〔詩、小雅、節南山〕憂心如酲。〔疏〕說文云：酲，病酒也，醉而覺，言既醉得覺，而以酒爲病，故云病酒也。

紫陌：詞章家謂帝京之道路曰紫陌。〔李白南都行〕高樓對紫陌，甲第連青山。

谷中鶯：〔詩小雅伐木〕伐木丁丁，鳥鳴嚶嚶，出自幽谷，遷於喬木。調名亦本此。

宗按：

雖不甚貼切，仍用本意，謂一舉成名，如白日飛昇，黃鶯出谷也。此等詞，大抵無味。

喜遷鶯　其二

金門曉、玉京春⊙　駿馬驟輕塵⊙　樺煙深處白衫新⊙　認得化龍身⊙　九陌喧、千戶啓△　滿袖桂香風細△　杏園歡宴曲江濱⊙　自此占芳辰⊙

音釋：

金門：金馬門之略。〔文選、揚雄、解嘲〕古羣賢同行，歷金門上玉堂。〔注〕善曰：應劭曰：待詔金馬門。

樺煙：指樺燭之烟。樺燭，謂以樺皮所捲之燭也。〔白居易・行簡初授拾遺同早朝入閤因示十二韻詩〕宿雨沙隄潤，秋風樺燭香。

化龍身：見前韋詞喜遷鶯龍門注。

桂香：喻科舉登第也。〔楊載詩〕月中初折桂，天上始乘槎。

杏園：園名，唐代進士及第者，賜宴於此，在陝西省長安縣曲江之西。〔摭言〕唐進士杏花園初會，謂之探花宴，擇少俊二人，爲探花使，徧遊名園，若他人先折得花，二人皆受罰。前首稱「杏苑」，亦謂此。

曲江：池名。在陝西長安東南。唐開元中，大加疏浚，爲游人最盛之地；秀士登科，亦賜宴於此。〔歲華記麗〕唐時春放榜進士，大宴於曲江亭子，謂之曲江宴。

宗按：

仍用本意，當年新進士風光可想。

喜遷鶯　其三

清明節、雨晴天⊙得意正當年⊙馬驕泥軟錦連乾⊙香袖半籠鞭⊙　花色融、人競賞△盡是繡鞍朱鞅△日斜無計更留連⊙歸路草和煙⊙

音釋：

連乾：或作連錢，馬飾也。〔晉書王濟傳〕嘗乘一馬著連乾鄣泥。

鞅：一尢ˇ，上聲。

集評：

此首獨脫套，覺腐氣俱消。湯顯祖

宗按：

與前二首同，在科舉時代，鶯遷龍化，折桂探花，聽之爛熟，誠爲腐俗可厭；但世易時移，此等俗套語，已不常聞，如地層化石，年久轉新，亦不甚礙目。臨川謂「此首獨脫套，覺腐氣全消」，在科舉時代人讀之，宜有此感；但自今日讀之，轉不若前二首之切題，令人如目擊當年盛大場面。此首如刪去前結及後起，則空無所有矣，亦不可不知。

小重山　其一

春到長門春草青。玉堦華露滴、月朧明。東風吹斷紫簫聲。宮漏促、簾外曉啼鶯。　愁極夢難成。紅妝流宿淚、不勝情。手挼羅帶遶階行。思君切、羅幌暗塵生。

音釋：

挼：音ㄋㄛˊ，捻弄也。〈說文〉挼、摧也，从手妥聲，一曰兩手相切摩也。

校記：

紫簫句，「紫」，亦作「玉」。作「紫」是，因次句有「玉」字也。

愁極夢難成，「極」字王本作「起」，非。

手挼羅帶遶階行，「階」字王本作宮，作「階」是。

集評：

詞無新意，筆却流折自如。栩莊漫記

宗按：

作小重山，應留意前後起第二句五字頓。頓而不斷，方有姿致。漫記所云「流折自如」，正從頓而不斷來。

小重山　其二

秋到長門秋草黃⊙ 畫梁雙燕去、出宮牆⊙ 玉簫無復理霓裳⊙ 金蟬墜、鸞鏡掩休妝⊙

憶昔在昭陽⊙ 舞衣紅綬帶、繡鴛鴦⊙ 至今猶惹御鑪香⊙ 魂夢斷、愁聽漏更長⊙

音釋：

霓裳：謂霓裳羽衣曲也。〔白居易長恨歌〕：漁陽鼙鼓動地來，驚破霓裳羽衣曲。

昭陽：宮殿名，漢成帝建。昭儀趙合德之所居也。〔文選、班固、西都賦〕昭陽特盛，隆於孝成。

宗按：

小重山二首，宮詞，一春一秋，俱有怨意。

離別難

寶馬曉鞴彫鞍⊙羅幃乍別情難⊙那堪春景媚△送君千萬里△半妝珠翠落、露華寒⊙紅蠟燭△青絲曲△偏能鈎引淚闌干⊙良夜促△香塵綠△魂欲迷⊙檀眉半斂愁低⊙未別心先咽△欲語情難說△出芳草、路東西⊙搖袖立△春風急△櫻花。

楊柳雨淒淒△

音釋：

鞴：音ㄅㄟˋ，本作韛，車鞁，此處作動詞，謂繫鞍轡，今語作「備」。

集評：

咽心之別愈慘，難說之情轉迫。平生無淚落，不灑別離間，應是好話。湯顯祖

集中只此首，疑是兩解，俟考。鄭文焯

宗按：

全詞八十七字，幅長已近慢，然其結構仍小令耳。鄭叔問「疑是兩解」，亦有見地，但後片顯已「換頭」，仍以作一調爲是。

萬紅友駁嘯餘譜之說，以爲「促」「綠」非更韻，亦非。蓋小令如河傳之類，換韻多，偶與「燭」「曲」同耳，非過片後，再與前叶也。

「欲語」句，或於「說」字點斷，與「咽」字叶；或於「出」字分句。「咽」「說」互叶，是矣。然「出芳草」三字，仍不成語。愚意按前半「半妝」句，此

處必奪二字。原文想係：「出門芳草路，各東西。」觀韋莊望遠行：「出門芳草路萋萋，雲雨別來易東西。」可知「出」字下必落「門」字，至於「路」字，宜屬「芳草」成句，而「各」字適爲「路」之半體，傳刻時以爲重出而刪之耳。愚說似尚近理，知言者或不以爲謬也。

相見歡

羅襦繡袂香紅⊙　畫堂中⊙　細草平沙蕃馬、小屏風⊙　卷羅幕△　凭妝閣△　思無窮△　暮雨輕烟魂斷、隔簾櫳⊙

音釋：

蕃馬：胡馬。〔元稹縛戎人樂府〕蕃馬臕成正翹健，蕃兵肉飽爭唐突。此處所謂「細草平沙蕃馬」，謂屏上之畫。

凭：ㄆㄧㄥˊ。

思：ㄙˋ。

宗按：

「細草」句稍新，餘皆陳套。

醉公子

慢綰青絲髮△光研吳綾襪△牀上小熏籠⊙韶州新退紅⊙　叵耐無端處△捻得從頭汚△惱得眼慵開⊙問人閑事來⊙

音釋：

光研：研音一ㄚˋ，以石磨布使光澤。

燻籠：燻爐上所罩之籠。其上可置衣物，爲熏香、烘乾之用。〔白居易、薔薇詩〕熏籠亂搭繡衣裳。

韶州：州名，唐置。在今廣東省曲江縣西。

退紅：謂粉紅色也。〔唐音癸籤、十九、詁箋四〕退紅，唐有一種色，謂之「退紅」，王建、牡丹詩云：「粉光深紫膩，肉色退紅嬌。」王貞白倡樓行云：「龍腦香調水，教人染退紅。」花間集：「牀上小熏籠、韶州新退紅。」蓋退紅若今之粉紅，髹器亦有作此色者，今無之矣。紹興末，縑帛有一等似皂而淡者，謂之不肯紅，亦退紅之類也。

叵耐：叵音ㄆㄛˇ，「不可」之合音，叵耐，不可耐也。

集評：

此詞甚劣，末二句略有風味。栩莊漫記

宗按：

全詞皆閨帷絮語，殊無深意，然寫實之作，亦頗逼眞，視千篇一律之陳套，反覺新緻。

女冠子 其一

求仙去也△翠鈿金篦盡捨△入崖巒⊙霧捲黃羅帔、雲彫白玉冠⊙　野煙溪洞冷、林月石橋寒⊙靜夜松風下、禮天壇⊙

音釋：

帔：音ㄆㄟˋ。

集評：

野煙十字頗似中唐五律。語有仙氣。白雨齋詞平

宗按：

女冠子詞，正宜兒女情，兼有神仙氣。詞甚佳，然首兩句明說，終覺乏味。「冷」「寒」作對，亦微疵也。

女冠子 其二

雲羅霧縠△新授明威法籙△降眞函⊙髻綰青絲髮、冠抽碧玉篸⊙往來雲過五、去住島經三⊙正遇劉郎使、啓瑤緘⊙

音釋：

明威：法籙之名。

法籙：道家祕文。〔祕要訣法朝眞儀啓〕蒙師資、受道前佩法籙、雖未明眞理，志願神仙，長生度世。

眞函：謂道書。〔拾遺記〕老子居景雲之山，有浮觀國獻善書二人，寫以玉牒，貯以玉函。

集評：

歷祖中數目字句。湯顯祖

宗按：

後起「五」「三」作對，句法甚拙，殊無可取，而臨川以密點賞之，何也？

謁金門

春滿院△疊損羅衣金線△睡覺水精簾未捲△簷前雙語燕△　斜掩金鋪一扇△滿地落花千片△早是相思腸欲斷△忍交頻夢見△

音釋：

金鋪：著門上用以銜環者。〔文選、司馬相如、長門賦〕、擠玉戶撼金鋪兮，聲噌吰而似鍾音。〔注〕善曰：金鋪：以金爲鋪首。濟曰：金鋪，扉上有金花，花中作鈕鐶以貫鎖，故撼搖有聲似鍾音也。

交：同「教」。

集評：

曰相思，曰腸斷，曰夢見，皆成語也，看他分作二層，便令人愛不忍釋手，遣詞用意當如此。白雨齋詞平

宗按：

全首渾成，針線盡滅。

「春滿院」三字，首句喚起，或悲或歡，或離或合，都無不可，次句則暗示離愁，而以「雙語燕」反襯，「落花千片」加深「春滿」，直奔結句，甚見手段。

白雨齋已見點睛，稍遺鱗爪。須知此非有句無篇之作。

牛給事 嶠

三十二首

牛嶠字松卿，一字延峯，隴西人。唐進士。入蜀爲給事中。有集三十卷，歌詩三卷。

附錄：

牛嶠字松卿，一字延峯，隴西人也，唐相僧孺之後。博學有文，以詩歌著名。乾符五年登進士第。歷官拾遺補闕，校書郎，高祖以節度使鎮西川，辟爲判官。及開國，拜給事中。卒，有集三十卷，歌詩三卷。自言竊慕李賀長歌，舉筆輒效之。尤善製小詞。女冠子云：「繡帶芙蓉帳，金釵芍藥花。」菩薩蠻云：「山月照山花，夢回燈影斜。」皆嶠佳句也。十國春秋

集評：

五代詞切忌但學表面，所患除表面無可學。松卿詞蓋有內心者。況周頤

松卿詞集不可見，今存花間集者尙有三十二首，大體皆瑩艷綺麗，近于飛卿，微不及希濟耳。栩莊漫記

柳枝 其一

解凍風來末上青⊙解垂羅袖拜卿卿⊙無端裊娜臨官路、舞送行人過一生⊙

音釋：

解凍風：〔禮記月令〕孟春之月，東風解凍。

卿卿：男女間之暱稱。〔世說新語惑溺〕王安豐婦，常卿安豐。安豐曰：「婦人卿壻，於禮爲不敬，後勿復爾。」婦曰：「親卿愛卿，是以卿卿。我不卿卿，誰當卿卿？」遂恆聽之。〔書言故事夫婦類〕妻謂夫曰卿卿。

集評：

楊枝、柳枝、楊柳枝，總以物托興。前人無甚分析。但極詠物之致，而能抒作者懷，能下讀者淚，斯其至矣。舞送行人句，正是使人悲惋。湯顯祖

詠物詞多以比興取長，然描寫寄託之中，要有作者骨骼在焉。舞送行人過一生，又何其託體之卑而無骨也。栩莊漫記

柳　枝　其二

吳王宮裡色偏深⊙一簇纖條萬縷金⊙不憤錢塘蘇小小、引郎松下結同心⊙

音釋：

不憤：猶言「想不到」、「不甘心」。

蘇小小：南齊時錢塘妓，才空士類，容華絕世。〔吳地記〕嘉興前有晉妓蘇小小墓。〔白居易詩〕杭州蘇小小，人道最夭斜。

集評：

牛松卿事蜀爲給事中，其楊柳枝「不憤錢塘蘇小小，引郎松下結同心。」見推于時。古今詞話

柳枝 其三

橋北橋南千萬條⊙恨伊張緒不相饒⊙金羈白馬臨風望、認得楊家靜婉腰⊙

音釋：

張緒：南齊吳郡人，字思曼，少有文才，善談玄理。官至國子祭酒，風姿清雅，武帝置蜀柳於靈和殿前，嘗曰：「此柳風流可愛，似張緒當年。」

靜婉：謂柔和靜美也〔溫庭筠題柳詩〕香隨靜婉歌塵起，影伴嬌嬈舞袖垂。〔唐彥謙漢代詩〕艷詞傳靜婉，新曲定妖嬈。

柳枝 其四

狂雪隨風撲馬飛。惹煙無力被春欺。莫交移入靈和殿、宮女三千又妬伊。

音釋：

靈和殿：齊武帝時所建之殿名，以蜀柳有名，見前注張緒條。

校記：

莫交句，「交」字王本作「教」，字同。

柳枝 其五

裊翠籠煙拂暖波。舞裙新染麴塵羅。章華臺畔隋堤上、傍得春風爾許多。

音釋：

麴塵：淡黃色也。〔廣雅釋詁〕麴塵、綵也。〔疏證〕麴塵、亦染黃也，周官內司服鞠衣鄭注云：「黃桑服也，色如鞠塵，鞠與麴通也。」

章華臺：〔左傳〕楚子成章華之臺。〔注〕台在今華容城內。〔李白詩〕狂風吹古月，竊弄章華臺。

隋堤：堤名，隋煬帝開通濟渠，沿河築堤植柳，世稱隋堤。〔杜甫、隋堤柳詩〕夾岸垂楊三百里，秖應圖畫最相宜。

宗按：

以上柳枝五首，皆詠柳之七言絕句詩耳，不宜以詞論。

女冠子　其一

綠雲高髻△　點翠勻紅時世△　月如眉⊙　淺笑含雙靨、低聲唱小詞⊙　眼看惟恐化、魂蕩欲相隨⊙　玉趾迴嬌步、約佳期⊙

音釋：

時世：時世妝也。謂婦女趨時之妝飾也。〔妝樓記〕崔樞夫人，治家整肅，婦妾皆不許時世妝。

集評：

「眼看惟恐化，魂蕩欲相隨。」別是一種說得盡，與「須作一生拚」云云不同。 湘蘅館詞話

宗按：

夔笙亦有見地。惟此與「須作一生拚」，終有貞淫之別。

女冠子　其二

錦江煙水△　卓女燒春濃美△　小檀霞⊙　繡帶芙蓉帳、金釵芍藥花⊙　額黃侵膩髮、臂釧透紅紗⊙　柳暗鶯啼處、認郎家⊙

音釋：

卓女：即卓文君。燒春，**酒名。〔國史補〕：酒有……劍南之燒春。**

額黃：塗黃於額，六朝婦女之習尚也。〔梁簡文帝麗人行〕同安鬟裏撥，異作額間黃。〔李商隱蝶詩〕壽陽公主嫁時妝，八字宮眉捧額黃。〔溫庭筠詩〕雲髻幾迷芳草蝶，額黃無限夕陽山。

集評：

繡帶芙蓉帳，金釵芍藥花，六朝麗句。湯顯祖

宗按：

女冠子不用本事，頗失風味，此首詠當壚伎耳。

「小檀霞」三字突起，隔斷前文，試讀韋莊二首，可知端己手段，高松卿一籌也。

女冠子　其三

星冠霞帔△住在蘂珠宮裡△佩丁當⊙明翠搖蟬翼、纖珪理宿妝⊙　醮壇春草綠、藥院杏花香⊙青鳥傳心事、寄劉郎⊙

音釋：

帔：ㄆㄟˋ。

蘂珠宮：道家所稱仙子所居，此謂道院。〔海內十洲記〕玉宸大道君治蘂珠貝闕。

丁當：佩玉之聲，〔杜牧冬至日寄小姪阿宜詩〕我家公相家，劍珮嘗丁當。

醮壇：祀神之壇場也。〔戎昱送明府入道詩〕輕雪籠紗帽，孤猿傍醮壇。

青鳥：三足之鳥，爲西王母傳信者。按漢武故事云：七月七日忽有青鳥，飛集殿前，東方朔曰：「此西王母欲來。有頃，王母至，三青鳥夾侍王母旁，後人因借稱使者曰青鳥。〔薛道衡豫章行〕願作王母三青鳥，飛來飛去傳消息。〔李賀惱公詩〕符因青鳥送，囊用絳紗縫。

校記：

纖珪理宿妝，「珪」字朱彊村本作「綎」。

集評：

前後麗情多屬玉臺艷體，忽插入道家語，豈爲題目張本耶？湯顯祖

宗按：

此是正體，氣味視前二首爲佳矣。

女冠子 其四

雙飛雙舞△春晝後園鶯語△卷羅幃⊙錦字書封了、銀河雁過遲⊙　鴛鴦排寶帳、荳蔻繡連枝⊙不語勻珠淚、落花時⊙

音釋：

錦字：〔侍兒小名錄〕前秦安南將軍竇滔，有寵姬趙陽臺，置之別所，妻蘇氏求而獲焉，苦加撻辱，滔深恨之，滔鎮襄與陽臺之任，絕蘇氏音問，蘇悔恨自傷，因織錦廻文，題詩二百餘首，計八百餘字，縱橫反覆，皆爲文章，名璇璣圖，遣蒼頭齎至襄陽，滔覽錦字，感其妙絕，因具車徒迎蘇氏。

了：ㄌㄧㄠˇ。

匀：抹也。

校記：

春晝，「晝」或作「畫」，誤，或作「盡」，兩可，作晝勝。

集評：

唐自武后度女尼始，女冠甚衆，其中不乏艷跡，如魚玄機輩，多與文士往來，故唐人詩詞詠女冠者類以情事入辭。薛氏四詞雖題女冠子，亦情詞也。

插入道家語，以爲點綴，蓋流風若是，豈可與詠回僧同格耶？栩莊漫記

宗按：

兩結亦自不惡，餘不足以稱之。

夢江南　其一

銜泥燕、飛到畫堂前⊙占得杏梁安穩處、體輕唯有主人憐⊙堪羨好姻緣。

宗按：

借燕寄情，非詠燕也。

夢江南　其二

紅繡被、兩兩間鴛鴦⊙不是鳥中偏愛爾、爲緣交頸睡南塘⊙全勝薄情郎。⊙

音釋：

間：ㄐㄧㄢˋ，去聲。

集評：

牛松卿望江南詞，一詠燕，一詠鴛鴦，是詠物而不滯于物也，詞家當法此。姜夔

對句易于言景，難于言情。且放開則中多迂濫，收整則結無意緒，對句要宜活句也。牛嶠之望江南「不是鳥中偏愛爾，爲緣交頸睡南塘。」其下可直接「全勝薄情郎」，此卽救尾對也。古今詞話

宗按：

此二首皆非詠物之作。前首借燕以美所託之得人，此首借鴛鴦以喻遇人之不淑，文義甚明；而白石竟以爲詠二鳥之作，可云大謬。試思詠物如此，技已堪憐；況所謂鴛鴦，乃被上所繡之鴛鴦耳，更何得視爲詠物？不意大家持論，亦有未達。

感恩多 其一

兩條紅粉淚△ 多少香閨意△ 強攀桃李枝⊙ 斂愁眉⊙ 陌上鶯啼蝶舞、柳花飛⊙

柳花飛⊙ 願得郎心、憶家還早歸⊙

集評：

起語一問一答，便有無限委宛。湯顯祖

強攀妙，中有傷心處，借此消遣耳。白雨齋詞平

宗按：

委婉純摯。

感恩多 其二

自從南浦別△ 愁見丁香結△ 近來情轉深⊙ 憶鴛衾⊙ 幾度將書託煙雁、淚盈

襟⊙　淚盈襟⊙　禮月求天、　願君知我心⊙

校記：

幾度句，　鄭文焯云：　「烟字以音衍。」

淚盈襟疊句，　玄覽本只存單句。

集評：

二詞情韻諧婉，　純以白描見長。栩莊漫記

宗按：

亦復可誦，　視前闋爲遜。

應天長　其一

玉樓春望晴煙滅△　舞衫斜卷金條脫△　黃鸝嬌囀聲初歇△　杏花飄盡龍山雪△　鳳釵低赴節△　筵上王孫愁絕△　鴛鴦對銜羅結△　兩情深夜月△

音釋：

條脫：腕釧也，亦作跳脫，條達。〔能改齋漫錄〕唐盧氏雜說，文宗問宰臣：「條脫是何物？」宰臣未對，上曰：「眞誥言，安妃有金條脫爲臂飾，卽今釧也。」余按，周處風土記曰：仲夏造百索繫臂，又有條達等織組雜物以相贈遺。唐徐堅初學記引古詩云：「繞臂雙條達，然則條達之爲釧必矣。徐堅所引古詩，後漢繁欽定情篇云：「繞腕雙跳脫。」但跳脫兩字不同。

龍山：在熱河省朝陽縣東南，一名和龍山，又名鳳凰山。

校記：

舞衫句，王本「條」字作「調」，作「條」是。
杏花句，吳王「龍」字作「攏」，作「龍」是。

宗按：

讀後段四句，試瞑想歐陸宮廷舞會後情景，抑又何殊？

應天長　其二

雙眉澹薄藏心事。清夜背鐙嬌欲醉。玉釵橫，山枕膩，寶帳鴛鴦春睡美。　別經時，無限意。虛道相思憔悴。莫信綵牋書裡。賺人腸斷字。

校記：

王本「無限意」作「無恨意」，誤。

集評：

莫信綵牋書裏，賺人腸斷字，刻細似晚唐。陸游

宗按：

一結殊佳。

二詞調同，字數亦同，但前首第三句七字，此首作三字兩句；前首後起五字，此首亦作三字兩句，論文氣，論調風，初無扞格，不可強而同之也。

更漏子　其一

星漸稀、漏頻轉△何處輪臺聲怨△香閣掩、杏花紅⊙月明楊柳風⊙　挑錦字△記情事△唯願兩心相似△收淚語、背鐙眠⊙玉釵橫枕邊⊙

音釋：

輪臺：縣名，在今新疆省庫車縣東，本漢西域地名，當時嘗置田卒數百人屯田於此，並設使者校尉領護，以給使外國者。此處謂邊塞之樂。

挑錦字：錦字見前注，挑謂刺繡，今語亦曰挑花。

集評：

月明楊柳風五字，秀韻獨絕。栩莊漫記

宗按：

「月明」句與第三首「馬嘶」句，同是花間風韻。

更漏子　其二

春夜闌、更漏促△金燼暗挑殘燭△驚夢斷、錦屏深⊙兩鄉明月心⊙　閨草碧△望歸客△還是不知消息△孤負我、悔憐君⊙告天天不聞⊙

音釋：

挑：謂挑去燭蕊也。

集評：

世間缺陷事不少，天也管不得許多。湯顯祖

松卿善爲閨情，兒女情多，時流于蕩。下開柳屯田一派，特筆力不至沓贅爲可誦耳。栩莊漫記

宗按：

末三句貌似純眞，實爲率筆。

更漏子 其三

南浦情、紅粉淚。爭奈兩人深意。低翠黛、卷征衣。馬嘶霜葉飛。　招手別。寸腸結。還是去年時節。書託雁、夢歸家。覺來江月斜。

集評：

馬嘶霜葉飛五字足抵一幅秋閨曉別圖。栩莊漫記

宗按：

馬嘶五字佳矣，覺來句亦不弱。

望江怨

東風急。惜別花時手頻執。羅幃愁獨入。馬嘶殘雨春蕪濕。倚門立。寄語薄情郎、粉香和淚泣。

音釋：

春蕪：春草。〔溫庭筠、雉場歌〕城頭却望幾含情，青畝春蕪連石苑。

校記：

或於「入」字處分段，亦可。

集評：

此調作者絕少，應以此詞作準繩矣。萬樹

疏雨濕春愁，馬嘶殘雨春蕪濕皆集中秀句，濕字均下得天然。湯顯祖

文情往復，雜寫景中，致足諷味。鄭文焯評花間集

昔人情語艷語，大都靡曼爲工。牛松卿望江怨詞，西溪子詞，繁絃促柱間，有勁氣暗轉，愈轉愈深，此等佳處，南宋名作中，間一見之，北宋人雖緜博如柳屯田，顧未克辦。餐櫻廡詞話

有急絃促柱之妙。蒿盧詞綜偶評

宗按：

各家所評皆極是，可見佳作必有目共賞也。

全文只三十五字，視薛侍郎之離別難，則少許遠勝多許矣。

菩薩蠻　其一

舞裙香暖金泥鳳。畫梁語燕驚殘夢。門外柳花飛。玉郎猶未歸。　愁勻紅粉淚。眉剪春山翠。何處是遼陽。錦屏春晝長。

音釋：

遼陽：今縣名，屬遼寧省，在瀋陽縣西南。

集評：

驚殘夢一點，以下純是夢境，章法似西洲曲。詞選

松卿菩薩蠻舞裙香暖一首，詞意明晰，層次井然，蓋首句形容服飾之麗，次

句燕語驚夢。以下由夢醒凝望而見柳花，聯憶遠人之未歸，因而念及遠人所在之地，愈增相思，倍覺春晝之長也。全詞流麗動人。而皋文詞選云：「驚殘夢一點，以下純是夢境。」不知其如何推測為此語也。栩莊漫記

宗按：

詞選說是夢境，而栩莊不知。吾獨知之，為之下一解曰：癡人愛說夢耳。海綃翁亦愛說夢，於其說夢窗詞中見之，特為拈出，俾讀者舉一而反三也。

菩薩蠻　其二

柳花飛處鶯聲急。晴街春色香車立。金鳳小簾開。臉波和恨來。　今宵求夢想。難到青樓上。贏得一場愁。鴛衾誰竝頭。

集評：

「眼波和恨來」，傳神栩栩欲活。栩莊漫記

宗按：首句「急」字好。後起「求」字稍欠。

菩薩蠻　其三

玉釵風動春幡急△　交枝紅杏籠煙泣△　樓上望卿卿⊙　寒窗新雨晴⊙　熏爐蒙翠被△　繡帳鴛鴦睡△　何處最相知⊙　羨他初畫眉⊙

音釋：

春幡：婦人立春日應節之妝飾。〔歲時風土記〕立春之日，士大夫之家，翦綵爲小幡，謂之春幡，或懸於家人之頭，或綴於花枝之下。

宗按：結尾兩句，卽所謂「初戀」時情味，故用「最」字以明之。花間諸家，最喜用鳳枕鴛衾諸語，大都立意不高。松卿此詞後起，雖亦用此等語，然有此結句，便迴出儕輩矣。

菩薩蠻　其四

畫屏重疊巫陽翠△　楚神尚有行雲意△　朝暮幾般心⊙　向他情謾深△　風流今古隔△　虛作瞿唐客△　山月照山花⊙　夢迴鐙影斜⊙

音釋：

巫陽：謂巫山。〔白居易、發白狗峽次黃牛峽登高寺却望忠州詩〕巴曲春全盡，巫陽雨半收。

瞿塘：峽名。三峽之一，一名廣溪峽。在四川省奉節縣東南長江中。兩岸峻壁高峙，江水怒激，峽口灩澦堆，矗立江心，勢甚險惡，全蜀江路，以此爲門戶。

集評：

牛嶠菩薩蠻山月照山花，夢迴鐙影斜，女冠子繡帶芙蓉帳，金釵芍藥花，皆

佳句也。十國春秋

宗按：

前半風刺語。

「朝暮」二字，獨作別解。

「山月」二句，信是佳句；「繡帶」一聯，則近于俗。湯顯祖謂爲六朝麗句，恐未必然。

菩薩蠻　其五

風簾燕舞鶯啼柳△　妝臺約鬢纖纖手△　釵重髻盤珊⊙　一枝紅牡丹⊙　門前行樂客△

白馬嘶春色△　故故墜金鞭⊙　廻頭應眼穿⊙

音釋：

約：理也，束也。

盤珊：重貌。

集評：

情景如在目前。栩莊漫記

宗按：

楚館秦樓，輒費許多筆墨，花間習氣如是。

菩薩蠻　其六

綠雲鬢上飛金雀。。愁眉斂翠春烟薄。。香閣掩芙蓉⊙畫屏山幾重⊙　　窗寒天欲曙⊙猶結同心苣△啼粉汚羅衣⊙問郎何日歸⊙

音釋：

重：ㄔㄨㄥˊ，平聲。

同心苣：〔沈約少年新婚詩〕錦履竝花紋，繡帶同心苣。又〔段成式嘲飛卿詩〕愁機懶織同心苣，悶繡先描連理枝。

汚：ㄨˋ，去聲。

集評：

芳草生兮萋萋，王孫歸兮不歸，問他何益。湯顯祖

結二句寫得又嬌癡又苦惱。栩莊漫記

宗按：

以「春烟薄」狀「愁眉」，語新。

菩薩蠻　其七

玉樓冰簟鴛鴦錦△粉融香汗流山枕△簾外轆轤聲⊙斂眉含笑驚⊙　柳陰煙漠漠△低鬢蟬釵落△須作一生拚⊙盡君今日歡⊙

音釋：

拚：ㄆㄢ。

集評：

牛給事須作一生拚，盡君今日歡，狎昵已極。南唐奴爲出來難，敎君恣意憐。本此。至檀口微微。靠人緊把腰兒抱，風斯下矣。花草蒙拾

牛嶠須作一生拚，盡君今日歡，是盡頭語。作艷詞者，無以復加。金粟詞話

牛松卿斂眉含笑驚五字三層意，別是一種神秘法眼。餐櫻廡詞話

全詞情事，治艷極矣。疑雨疑雲諸集，蓋導源于是，宋人如柳黃俳詞，無此古拙之筆也。栩莊漫記

宗按：

言內言外，諸家發掘盡矣。子曰：「吾未見好德如好色者」，信然。

酒泉子

記得去年、煙暖杏園花正發、雲飄香⊙ 江草綠、柳絲長⊙ 鈿車纖手卷簾望△
眉學春山樣△ 鳳釵低裊翠鬟上△ 落梅妝⊙

校記：

鳳釵句，王本無「上」字，分作兩三字句，誤。

集評：

遠山眉，落梅妝，石華袖，古語裁新，令人遐想。湯顯祖

宗按：

酒泉子體式甚繁，韻脚錯落，有似西洋詩，詞中獨具一格者。或謂後起「望」字應讀平聲，意謂「妝」字與「長」字韻叶相去過遠。此說論他調則可，以之繩酒泉子，則殊不然也。

定西番

紫塞月明千里、金甲冷、戍樓寒。夢長安。　鄉思望中天闊、漏殘星亦殘。畫角數聲嗚咽、雪漫漫。

音釋：

思：ㄙˋ，去聲。

咽：讀如乙，入聲。

漫：ㄇㄢˊ，平聲。

集評：

牛嶠定西番爲塞下曲，望江怨爲閨中曲，是盛唐遺音。及讀其翠蛾愁不擡頭，莫信彩箋書裏，賺人腸斷字，則又刻細似晚唐矣。陸游

塞外荒寒，征人夢苦，躍然紙上。此亦一窮塞主乎？栩莊漫記

宗按：

不減唐音。

玉樓春

春入横塘搖淺浪△花落小園空惆悵△此情誰信爲狂夫、恨翠愁紅流枕上△小玉窗前嗔燕語△紅淚滴穿金線縷△雁歸不見報郎歸、織成錦字封過與△

集評：

雋調中時下雋語，雋句中時下雋字，讀之甘芳浹齒。湯顯祖

宗按：

傳奇家度曲，總以雋句雋字爲得意，此詞中何者爲雋句，何者爲雋字，殆非臨川莫辨矣。

前後異韻，頗損調風。

西溪子

捍撥雙盤金鳳△蟬鬢玉釵搖動△畫堂前、人不語△絃解語△彈到昭君怨處△翠娥愁⊙不擡頭⊙

音釋：

捍撥：捍撥在琵琶面上當弦，或鑲以象牙，或以金塗爲飾，所以防撥傷面也。〔唐書、禮樂志〕高麗伎琵琶，以蛇皮爲槽，厚寸餘，有鱗甲，楸木爲面，象牙爲捍撥。

昭君怨：〔琴操〕昭君怨者，齊國王穰以其女昭君獻之元帝，帝不之幸。後以一女賜單于，昭君請行。及至，單于大悅。恨帝始不見遇，乃作怨思之歌。

校記：

不擡頭句，王本「頭」字作「廻」，誤。

集評：

短句頗不易作，此作字字的當，有意有筆，能品也。白雨齋詞評

宗按：

全詞勻整可取，結句殊有風致。

江城子　其一

鵁鶄飛起郡城東。碧江空。半灘風。越王宮殿、蘋葉藕花中。簾捲水樓魚浪起、千片雪、雨濛濛。

音釋：

鵁鶄：動物名，亦作交精，屬鳥類涉禽類。

校記：

簾捲句，「魚」一作「漁」，作「魚」是。

集評：

越王宮殿蘋葉藕花中，九字風流悲壯。湯顯祖

松卿詞筆在花間亦屬中流，但時有雋語，如此詞越王宮殿一語，不悲而神傷，自饒名貴。栩莊漫記

宗按：

「越王」九字，慨喟存於辭外，人皆賞之矣。然結尾三句，正以補足「蘋葉藕花」，益不勝弔古傷今之意，非贅語也，不可不知。

江城子　其二

極浦煙消水鳥飛⊙離筵分首時⊙送金巵⊙渡口楊花、狂雪任風吹⊙日暮空江波浪急、芳草岸、雨如絲⊙

音釋：

分首：猶言分手。〔杜甫詩〕直到綿州更分首。〔鄭嵎詩〕平明酒醒便分首。

校記：

日暮句，王本「空江」作「天空」，作「空江」是。

集評：

南史王晞詩：「日纛當歸去，魚鳥見流連。」俗本改纛作暮，淺矣。孟蜀牛嶠詞云：「日纛天空波浪急」，正用晞語也。升庵詞品

升菴詞品謂暮字應爲纛，不知所據何本。今傳各本均作日暮矣。愚謂暮字自佳，若作成纛，便不成語。栩莊漫記

宗按：

「離筵」句，文字有誤，大損調風。

張舍人　泌

二十七首

張泌（一作佖）字子澄。淮南人。仕南唐，官至內史舍人，入宋遷郎中。歸寓昆陵，有集一卷。

附錄：

張泌（宋詩紀事作張必）字子澄。淮南人。初官句容尉。上書陳治道。後主徵爲監察御史，歷考功員外郎。進中書舍人，改內史舍人；後歸宋。仍入史館，遷郎中，歸寓毘陵，有集一卷。（詞林攷鑒稿本）近人胡適頗疑花間集中之張泌與南唐張泌，別是一人。其理由謂花間集結集於九百四十年，其時南唐建國不及四年，後主嗣位在九百六十一年。相距二十餘年，而花間集中已稱張舍人泌。花間稱人官爵，皆就結集時言，故和凝但稱學士而不稱相。

疑此張泌亦爲蜀人。（參看胡適詞選）其說近是。且花間所采，不及馮正中，是爲地域所限，不應獨於張氏爲例外也。花間集錄張詞二十七首，全唐詩同。唐宋名家詞選

集評：

張子澄詞，其佳者能蘊藉有韻致，如浣溪沙諸闋。又河傳云：「夕陽芳草，千里萬里，雁聲無限起。」又云：「斜陽似共春光語。」祇是不盡之情，目前之景，却未經人道。況周頤

花間詞十八家約可分爲三派，縷金錯彩，縟麗擅長而意在閨幃，語無寄託者，飛卿一派也，清綺明秀，婉約爲高，而言情之外兼書感興者，端己一派也。抱樸守質，自然近俗，而詞亦疏朗，雜記風土者，德潤一派也。張子澄詞蓋介乎溫韋之間而與韋最近。栩莊漫記

浣溪沙　其一

鈿轂香車過柳堤。樺烟分處馬頻嘶。爲他沈醉不成泥。　花滿驛亭香霧細、杜

鵑聲斷玉蟾低⊙ 含情無語倚樓西⊙

音釋：

玉蟾：謂月。〔劉孝綽、林下映月詩〕攢柯半玉蟾，裛葉彰金兔。〔方干、中秋月詩〕涼霄烟靄外，三五玉蟾秋。

宗按：

「爲他沈醉不成泥」，亦是好句。

浣溪沙　其二

馬上凝情憶舊遊⊙ 照花淹竹小溪流⊙ 鈿箏羅幕玉搔頭⊙ 早是出門長帶月、可堪分袂又經秋⊙ 晚風斜日不勝愁⊙

音釋：

玉搔頭：女子首飾，即玉簪。〈西京雜記二〉武帝過李夫人，就取玉簪搔頭，自此後宮人搔頭，皆用玉，玉價倍貴焉。

早是：猶云「已是」。

集評：

以憶舊游領起，全詞實處皆化空靈，章法極妙。栩莊漫記

宗按：

第四句「早是出門常帶月」，看似無意義；須知古代兒女私情之離別，必在侵曉。如飛卿之「綠楊陌上多離別，燈在月朧明。」端己之「殘月出門時，美人和淚辭。」「惆悵曉鶯殘月，相別。」希濟之「殘月臉邊明，別淚臨清曉。」等，不勝枚舉。解此，便知與下句「分袂」字，語氣一貫也。

浣溪沙　其三

獨立寒堦望月華。露濃香泛小庭花。繡屏愁背一鐙斜。　雲雨自從分散後、人間無路到仙家。但憑魂夢訪天涯。

集評：

張子澄時有幽艷語。露濃香泛小庭花，是也。時遂有以浣溪沙爲小庭花者。古今詞話

昔沈文愨賞泌綠楊花撲一溪烟爲晚唐名句，然其詞如露濃香泛小庭花，較前語更幽艷也。王國維

宗按：

前文幽美；後半一氣貫注，結語亦差可喜。

浣溪沙 其四

依約殘眉理舊黃⊙翠鬟抛擲一簪長⊙暖風晴日罷朝妝⊙　閑折海棠看又撚、玉纖無力惹餘香⊙此情誰會倚斜陽⊙

音釋：

殘眉：宿妝已卸，朝來未畫新眉也。

玉纖：謂美人纖指也。

會：猶言「了解」。

集評：

寫春困情態入木三分。栩莊漫記

宗按：

後起兩句，究嫌辭費。

浣溪沙 其五

翡翠屏開繡幄紅。謝娥無力曉妝慵。錦帷鴛被宿香濃。　微雨小庭春寂寞，燕飛鶯語隔簾櫳。杏花凝恨倚東風。

集評：

張子澄句「杏花凝恨倚東風」，又「斷香輕碧鎖愁深」。妙在凝字碧字，若換用他字，便無此神韻，碧字尤爲人所易忽。餐櫻廡詞話

宗按：

「杏花」而曰「凝恨」、蓋象徵「無力曉妝慵」之「謝娥」耳。若徒論字面，失之皮相。

浣溪沙　其六

枕障熏鑪隔繡幃。二年終日苦相思。杏花明月始應知。　天上人間何處去、舊歡新夢覺來時。黃昏微雨畫簾垂。

集評：

第三個年頭，自有知者。杏花明月，知我憐我，未必笑我。湯顯祖

不言而神傷。蒿廬詞話

始應知三字想有所指，非空語也。對法活潑，導人先路，結句尤佳。白雨齋詞話

淒婉之調，下開小晏。全詞布置之佳，正如馮正中之蝶戀花，愈婉愈深，愈深愈哀，蓋不惜以金針度盡世人者也。栩莊漫記

宗按：

「始應知」三字意，白雨齋得之矣；湯顯祖自作多情，終不脫酸子氣。

浣溪沙　其七

花月香寒悄夜塵⊙綺筵幽會暗傷神⊙嬋娟依約畫屏人⊙　人不見時還暫語、令纔拋後愛微顰⊙越羅巴錦不勝春⊙

音釋：

令：謂筵間酒令也。

勝：ㄕㄥ，平聲。

宗按：

後起兩句，寫目成心許，極得神理，亦未經人道，惜讀者不察耳，特為拈出。

浣溪沙　其八

偏戴花冠白玉簪。睡容新起意沈吟。翠鈿金縷鎭眉心。小檻日斜風悄悄，隔簾零落杏花陰。斷香輕碧鎖愁深。

音釋：

簪：ㄗㄣ。

集評：

鎖得住的，還不是愁，我始欲愁，只爲鎖他不住。湯顯祖

宗按：

「鎖」字「深」字，正前文「意沈吟」三字注脚。奈臨川愛說許多閒言語！

浣溪沙 其九

晚逐香車入鳳城。東風斜揭繡簾輕。漫廻嬌眼笑盈盈。消息未通何計是，便須佯醉且隨行。依稀聞道「太狂生」。

音釋：

鳳城：〔杜甫夜詩〕步蟾倚杖看牛斗，銀漢遙應接鳳城。〔趙次公杜詩注〕秦繆公女吹簫，鳳降其城，因號丹鳳城，其後言京都之城曰鳳城。

太狂生：生字無義，特語尾耳。〔六一詩話〕唐人語辭好用生字，如太瘦生，作麼生，何似生是也。

校記：

末句，王本「太」字作「大」，非。

集評：

子澄筆下無難達之情，無不盡之境，信手描寫，情狀如生，所謂冰雪聰明者也，如此詞活畫出一個狂少年舉動來。栩莊漫記

宗按：

狂態如畫，然不覺可憎。

結句七字，煞住全篇，是何等功力！

近人紹興周某，強譯爲今語，一種市井惡少嘴臉，讀之便可厭。

浣溪沙 其十

小市東門欲雪天。眾中依約見神仙。蕊黃香畫貼金蟬。飲散黃昏人草草、醉容無語立門前。馬嘶塵烘一街烟。

音釋：

烘：ㄏㄨㄥˇ，謂塵埲起也。

集評：

一烘字形容閙市極似，再無他字可代，此之謂工于鍊字。栩莊漫記

宗按：

立意不深；然末句「烘」字，轉俗爲新，亦見膽量，與宋子京「紅杏枝頭」句之「鬧」字相伯仲矣。

臨江仙

烟收湘渚秋江靜、蕉花露泣愁紅⊙五雲雙鶴去無蹤⊙幾回魂斷、凝望向長空⊙
翠竹暗留珠淚怨、閒調寶瑟波中⊙花鬟月鬢綠雲重⊙古祠深殿、香冷雨和風⊙

音釋：

翠竹：謂湘妃之淚，灑竹成斑，亦名湘妃竹，斑竹、淚竹。〔博物志、史補〕堯之二女，舜之二妃，曰湘夫人，舜崩，二妃啼以淚揮竹盡斑。〔白居易、江上送客詩〕杜鵑聲似哭，湘竹斑如血。

波：水波，謂湘靈於水上鼓瑟，非音波也。

重：ㄔㄨㄥˊ平聲。

集評：

詞氣委宛，不即不離，水仙之雅操也。湯顯祖

蕉花露泣愁紅，淒艷之句。全詞亦極縹渺之思，不落凡俗。栩莊漫記

宗按：此詞爲湘妃廟作，蓋用本調原意。

女冠子

露花烟草△寂寞五雲三島△正春深⊙貌減全消玉、香殘尚惹襟⊙竹疏虛檻靜、松密醮壇陰⊙何事劉郎去、信沈沈⊙

宗按：本意。竹疏松密，道院幽清，令人神往。劉郎句，射情愛事。

河傳 其一

渺莽△雲水惆悵△暮帆去程迢遞△夕陽芳草、千里萬里△雁聲無限起△夢魂悄斷烟波裏△心如醉△相見何處是△錦屛香冷無睡△被頭多少淚△

集評：

起句颯然而來，不亞別恨二賦首語，可謂工于發端。而承以夕陽千里三句。蒼涼悲咽，驚心動魄矣。栩莊漫記

宗按：

後結亦有情思，但前結氣象遠勝，似不出一人手者。

起筆分句，詞律作「渺莽雲水，惆悵暮帆，」以「水」字起韻；詞譜作「渺莽、雲水、惆悵暮帆，」亦以「水」字起韻。以文理論「惆悵暮帆」四字，終覺稍欠。

花間集中河傳一調，凡起手第二第四兩字皆仄者，例有短句韻叶。如溫庭筠之「湖上、閒望……」孫光憲之「花落、烟薄……」又「風颭、波斂……」顧敻之「棹舉、舟去……」又「曲檻、春晚……」韋莊之「錦浦，春女……」李珣之「春暮、微雨……」又「去去，何處……」或疊字爲之，如閻選之「秋雨，秋雨……」及泌之另首：「紅杏，紅杏……」皆其特色。故愚意以爲分句應作「渺莽，雲水惆悵，暮帆去程迢遞……」以「悵」叶「莽」，下以「遞」字換韻，文理較順。

惟此詞原文有無訛奪，惜無他本可證，姑爲分句如是。

河傳　其二

紅杏△紅杏△交枝相映△密密濛濛⊙一庭濃艷倚東風⊙香融⊙透簾櫳⊙斜陽似共春光語△蝶爭舞△更引流鶯妒△魂銷千片玉罇前⊙神仙⊙瑤池醉暮天⊙

校記：

次句依詞緯，詞譜增「紅杏」二字爲疊句。

宗按：

自「紅杏」至「鶯妒」，一氣貫下，皆以杏花爲主，末三語始點明於杏園筵會中見美人耳。景殊不惡，但恨情意無多子。

酒泉子　其一

春雨打窗⊙驚夢覺來天氣曉△畫堂深、紅焰小△背蘭釭⊙　酒香噴鼻懶開缸⊙
惆悵更無人共醉△舊巢中、新燕子△語雙雙⊙

集評：

撫景懷人，如怨如慕，何如摽梅諸什。湯顯祖

宗按：

前半為侵曉之景，後起忽以酒香燕語相續，極不協調，而臨川獨賞之，何也？

酒泉子　其二

紫陌青門、三十六宮春色、御溝輦路暗相通⊙杏園風⊙　咸陽沽酒寶釵空⊙笑
指未央歸去、插花走馬落殘紅⊙月明中⊙

宗按：

氣象頗佳。「插花」句終覺未善。

生查子

相見稀、喜相見△相見還相遠△檀畫荔枝紅、金蔓蜻蜓軟△魚雁疏、芳信斷△花落庭陰晚△可惜玉肌膚、銷瘦成慵懶△

音釋：

金蔓句：謂以金絲作蔓，上爲小蜻蜓著之。泌又作江城子云：「高綰綠雲，金簇小蜻蜓。」亦同。蓋當時之妝飾如是。

宗按：

首三句，小有轉折，似不近情；古代狹邪之禁甚寬，而閨閫之防頗嚴，事實如是，或亦今人所不易解。

思越人

燕雙飛、鶯百囀、越波堤下長橋⊙ 鬭鈿花筐金匣恰、舞衣羅薄纖腰⊙ 東風澹蕩慵無力△ 黛眉愁聚春碧△ 滿地落花無消息△ 月明腸斷空憶△

音釋：

鬭鈿：謂以金絲編結，嵌合而爲花筐也。

匣恰：疊韻，連緜詞，有紛紜、重疊、雜遝、陸離諸義。字亦作溘匝、鉿匝、狎恰、匼匝、磕匝、鞈匝。王樞詩：「溘匝金鈿滿，參差繡領斜。」又韓愈詩：「聽衆狎恰排浮萍」。江淹賦：「黿鼉兮匼匝，」虞集詩：「杜甫溪頭花匼匝。」皆紛多義。

校記：

「纖腰」或作「腰纖」，失韻，誤。

宗按：

思越人調，詠西施浣沙，亦用本意。

滿宮花

花正芳、樓似綺△寂寞上陽宮裏△鈿籠金鎖睡鴛鴦、簾冷露華珠翠△嬌艷輕盈香雪膩△細雨黃鶯雙起△東風惆悵欲清明、公子橋邊沈醉△

音釋：

上陽宮：宮名。唐高宗時建。故址在今河南省洛陽縣。〔唐書地理志〕東都上陽宮，在禁苑之東，高宗常居以聽政。

宗按：

亦用本意，顧未能佳也。

柳枝

膩粉瓊妝透碧紗，雪休誇。金鳳搔頭墜鬢斜，髮交加。　倚着雲屏新睡覺，思夢笑。紅腮隱出枕函花，有些些。

校記：

金鳳句，王本「墜」字作「墮」，義同。

集評：

此柳枝之變體也。紅腮一語，自見巧思。湯顯祖

思夢笑三字一篇之骨。栩莊漫記

宗按：

唐五代間，詞體初具，其始由詩蛻變而來，故花間集中，仍保留少數七言絕句，如「楊柳枝」、「柳枝」、「竹枝」、「浪濤沙」之類，皆保留七絕原型，亦無

音節特徵，自不得目之爲詞。至皇甫松之「采蓮子」，原是七絕，但一三兩句下注「舉棹」，二四兩句下注「年少」。孫光憲之「竹枝」二首，每句首四字下注「竹枝」，次三字下注「女兒」。「棹」「少」，「枝」「兒」，相互爲韻。可知七言絕句於歌唱時，於分句或小頓處，特加短句以爲泛聲相和。朱子語類云：「古樂府只是詩中泛聲，後人怕失那泛聲，逐一添個實字，遂成長短句，今曲子便是。」子澄此詞，仍爲七絕，惟每句下加三字，卽朱子所云「逐一添箇實字」者也。此時「柳枝」方完成詞之面目，方成「正體」。乃湯顯祖謂爲柳枝之「變體」，亦謬矣。

全詞寫睡美人，「思夢笑」三字尤爲傳神之筆。嘗讀英詩人 Samuel Rogers (1763-1855) 之 The Sleeping Beauty 之首章云：

Sleep on, and dream of Heaven awhile——
Tho' shut so close thy laughing eyes,
Thy rosy lips still wear a smile
And move, and breathe delicious sighs!

可見神思妙筆，才人之所同然，固無間於中外也。

南歌子　其一

柳色遮樓暗、桐花落砌香。畫堂開處遠風涼。高卷水精簾額，襯斜陽。

音釋：

簾額：簾端以橫額爲飾也。〔李賀、宮娃歌〕寒入罘罳殿影昏，彩鸞簾額著霜痕。

集評：

柳色二句，有韻致。湯顯祖

此初日芙蓉，非鏤金錯彩也。蒿盧詞話

宗按：

全詞寫境如畫，不著一字及情，轉覺風致。

南歌子 其二

岸柳拖烟綠、庭花照日紅。數聲蜀魄入簾櫳。驚斷碧窗殘夢，畫屏空。

音釋：

蜀魄：鳥名，卽杜宇，相傳爲蜀望帝魂魄所化。〔太平寰宇記〕蜀之後主，名杜宇，號望帝，讓位鼈靈，望帝自逃，後欲復位不得，死，化爲鵑，每春月間，晝夜悲鳴，蜀人聞之曰：我望帝魂也。〔羅鄴、聞子規詩〕蜀魄千年尙怨誰？聲聲啼血染花枝。〔杜荀鶴、杜鵑詩〕楚天空濶月成輪，蜀魄聲聲似訴人。

集評：

意亦猶人，詞特淸疏。栩莊漫記

宗按：

首聯狀景，末三句寓情，而不及前首動人，固知尋常之情，不如特出之景也。

南歌子 其三

錦薦紅鸂鶒、羅衣繡鳳凰⊙綺疏飄雪北風狂⊙簾幙盡垂無事，鬱金香⊙

音釋：

薦：毯屬。

綺疏：古無玻璃，富貴家以薄綺遮窗，令障風雨透光也。〔文選、孫綽、遊天台山賦〕皦日炯晃於綺疏。

鬱金：香草、與鬱金香同。〔玄應音義〕鬱金出罽賓，其花黃色，取花安置一處，爛壓取汁，以物和之爲香，花粕亦用爲香也。

宗按：

風雪彌天，而溫馨滿室，言外亦未始無朱門凍骨之意。若華膴自享，不復知人世間有悲慘事，亦復何取？「狂」字終覺與全境失調。

江城子　其一

碧欄干外小中庭。雨初晴。曉鶯聲。飛絮落花、時節近清明。睡起捲簾無一事、勻面了、沒心情。

音釋：

勻面：化妝。〔月令廣義〕明皇時有牡丹，名楊家紅，蓋貴妃勻面而口脂在手，偶印于花上。

了：ㄌㄧㄠˇ。

集評：

無一事，不消匀面了。匀面了，沒心情，連匀面也是多的。湯顯祖

飛絮落花時節近清明，流麗之句卻寓傷春之感。栩莊漫記

宗按：

結尾三句，極見古代婦女深閨寂寞之甚。

江城子　其二

浣花溪上見卿卿。臉波秋水明。黛眉輕。高綰綠雲、金簇小蜻蜓。好是問他來得磨、和笑道、莫多情。

音釋：

浣花溪：潭名，在四川省成都縣西，一名濯錦江。又稱百花潭。唐杜甫故宅在此，號浣花草堂。每歲四月十九日，蜀人多游宴於此，謂之浣花

日。

磨：ㄇㄛˊ，同麼。

校記：

「臉波」句，「秋水」二字疑衍，無他本可證，姑存之。

第四句各本作「綠雲高綰」，依詞綜及歷代詩餘作「高綰綠雲」是。

集評：

結六字寫得可人。白雨齋詞評

宗按：

末三語，極生動，的是女兒口吻。

河瀆神

古樹噪寒鴉。滿庭楓葉蘆花。晝燈當午隔輕紗。畫閣朱簾影斜。　門外往來祈賽客、翩翩帆落天涯。廻首隔江烟火、渡頭三兩人家。

音釋：

畫燈：神前長明燈，雖晝不滅。

祈賽：謝神佑助之祭典也。〔舊唐書、張嘉貞傳〕嘉貞自爲文，乃書於石，先是嶽廟，爲遠近祈賽，有錢數百萬，嘉貞自以爲頌文之功，納其數萬。

校記：

畫燈句，各本作「背窗紗」，依吳本作「隔輕紗」勝，「背窗紗」寫人，此詞則寫廟中之神祇也，何「背」之有？

集評：

迴首隔江**烟**火，渡頭三兩人家，可作畫景，與首二句同一蕭然其爲秋也。

栩莊漫記

宗按：

此用本意，以江畔廟中之女神爲主題也。大抵女冠子以女冠爲主，河瀆神以女神爲主，臨江仙以女仙爲主，同以兒女人情滲注其間，氣氛風味，故自不同。

胡蝶兒

蝴蝶兒。晚春時。阿嬌初着淡黃衣。倚窗學畫伊。還似花間見、雙雙對對飛。無端和淚拭燕脂。惹教雙翅垂。

集評：

阿嬌二句，嫵媚。湯顯祖

妮妮之態，一一繪出，干卿甚事，如許鍾情也。白雨齋詞評

宗按：

此子澄創調也，卽景卽情，故自佳妙。

湯評甚是，白雨齋忽作此無聊語，殊無可取。

毛司徒

文錫

三十一首

毛文錫字平珪，南陽人，仕前蜀至司徒。復仕後蜀。著有前蜀紀事二卷，茶譜一卷。

附錄：

毛文錫字平珪。南陽（十國春秋作高陽）人，年十四，登進士第，仕前蜀，爲翰林學士承旨，永平四年，遷禮部尚書，判樞密院事。通正元年，進文思殿大學士。拜司徒。天漢時，宦官唐文扆譖之，貶茂州司馬，後復事孟蜀，以詞章供奉內廷。

集評：

毛詞以質直爲情致。殊不知流于率露。諸人評庸陋詞者，必曰此仿毛文錫之贊成功而不及者。葉夢得

文錫詞在花間舊評均列入下品，然亦時有秀句，如「紅紗一點鐙，」「夕陽低映小窗明，」非不琢飾求工，特情致終欠深厚，又多供奉之作，其庸率也固宜。栩莊漫記

虞美人 其一

鴛鴦對浴銀塘暖△ 水面蒲梢短△ 垂楊低拂麴塵波⊙ 蛛絲結網露珠多⊙ 滴圓荷⊙ 遙思桃葉吳江碧△ 便是天河隔△ 錦鱗紅鬣影沈沈⊙ 相思空有夢相尋⊙ 意難任⊙

音釋：

桃葉：晉王獻之妾，獻之嘗臨渡作歌贈之，桃葉作團扇歌以答，其妹名曰桃根。〔隋書五行志〕王獻之桃葉之詞曰：「桃葉復桃葉，渡江不用檝。」

任：ㄖㄣˊ，平聲，禁也，忍受也。

校記：

「蛛」或作「蚊」，或作「蛟」，作「蛛」是。

宗按：

前半寫池塘小景，亦復清佳，後段入情，未嘗不可，但終是尋常命意耳。

虞美人　其二

寶檀金縷鴛鴦枕△　綬帶盤宮錦△　夕陽低映小窗明⊙　南園綠樹語鶯鶯⊙　夢難成⊙

玉鑪香暖頻添炷△　滿地飄輕絮△　珠簾不捲度沈煙⊙　庭前閑立畫鞦韆⊙　艷陽天⊙

集評：

唐人舊曲云：「帳中草草軍情變」，宋黃載亦云：「楚歌聲起霸圖休」。似專爲虞姬發論，二詞雖芬芳襲人，何以命意迴隔？湯顯祖詞中佳語，多從詩出，如毛司徒「夕陽低映小窗明」，顧太尉「蟬吟人靜，斜日傍，小窗明。」皆本黃奴「夕陽如有意，偏傍小窗明」，皆文人偶然遊戲，非向樊川集中作賊。花草蒙拾

宗按：

末兩句春和景明，亦是可人，不獨「夕陽低映小窗明」爲可誦也。

酒泉子

綠樹春深、燕語鶯啼聲斷續、蕙風飄蕩入芳叢⊙惹殘紅⊙　柳絲無力裊煙空⊙

金盞不辭須滿酌、海棠花下思朦朧⊙醉香風⊙

宗按：

此體與張舍人酒泉子全同，惟第六句多一字，或張詞「笑指未央歸去」句少一字，亦未可知。

末三字總結後半，殊見工力。

喜遷鶯

芳春景、暧晴煙⊙喬木見鶯遷⊙傳枝隈葉語關關⊙飛過綺叢間⊙錦翼鮮、金毳軟△百囀千嬌相喚△碧紗窗曉怕聞聲、驚破鴛鴦暖△

集評：

竟依題發揮，不必從道錄司挂印耶。湯顯祖

宗按：

喜遷鶯調，本用以寫及第風光，此首更回到鶯遷本意，與柳三變黃鶯兒同一手法。但死抱題面，轉覺無味。末句語病。

贊成功

海棠未坼、萬點深紅⊙香包緘結一重重⊙似含羞態、邀勒春風⊙蜂來蝶去、任

遶芳叢⊙昨夜微雨、飄灑庭中⊙忽聞聲滴井邊桐⊙美人驚起、坐聽晨鐘⊙快教折取，戴玉瓏璁⊙

音釋：

坼：同拆，開也，放也。

香包句：謂海棠含苞未放。

邀勒：留阻也。

玉瓏璁〔溫庭筠詩〕繡衫金要裊、花髻玉瓏璁。

集評：

毛詞比牛薛諸人殊爲不及。葉夢得謂文錫詞以質直爲情致。殊不知流于率露。諸人評庸陋者必曰此仿毛之贊成功而不及者，其言是也。王國維

宗按：

前半言海棠未放，後半言美人聞夜半之微雨，惟恐好花之易謝，而驚起，而坐聽晨鐘，而折花簪鬢，一種惜花之心，與杜秋娘金縷衣同其機杼，亦非全無可取。

惟遣詞拙率，行文冗弱，遂貽訕誚耳。使取其意而易以他調，以警鍊之筆爲之，未嘗不可成一佳篇也。

西溪子

昨日西溪遊賞△芳樹奇花千樣△鎖春光、金罇滿△聽弦管△嬌妓舞衫春暖△不覺到斜暉⊙馬馱歸⊙

宗按：

西溪子似爲文錫創調，詞意平平，實無可賞。

中興樂

荳蔻花繁煙艷深⊙丁香軟結同心⊙翠鬟女△相與△共淘金⊙　紅蕉葉裏猩猩語△鴛鴦浦△鏡中鸞舞△絲雨隔、荔枝陰⊙

集評：

全首寫風土，如入炎方所見，不嫌其質樸也。惟鏡中鸞舞句憑空插入，殊爲減色。栩莊漫記

宗按：

炎方風土，如在目前，栩莊所評極是。首句「艷」字，亦微有未安，或傳寫有誤，未可知也。

「紅蕉」句逕以「猩猩」入詞，不獨不覺其可憎，反饒風味。「淘金」，亦南人風習，全詞畫面色采絢爛，布置協調。惟「鏡中」句，誠如栩莊所云，破壞情調。

前段分句，「女」「與」相叶，逗入後半，韻致較佳，末句「陰」字，遙叶前結，似太遠。此調與酒泉子體格差近也。

更漏子

春夜闌、春恨切△ 花外子規啼月△ 人不見、夢難憑⊙ 紅紗一點燈⊙ 偏怨別△
是芳節△ 庭下丁香千結△ 宵霧散、曉霞輝⊙ 梁間雙燕飛⊙

集評：

紅紗一點鐙眞妙。我讀之不知何故。只是瞠目呆望，不覺失聲一哭。我知普天下世人讀之，亦無不瞠目呆望失聲一哭也。白雨齋詞評

紅紗一點鐙，五字點血。同上

文錫詞質直寡味，如此首之婉而多怨，絕不概見，應爲其壓卷之作。栩莊漫記

宗按：

陳亦峯一副鴛鴦蝴蝶派面孔，爲「紅紗一點燈」五字，乃欲「普天下世人」「失聲一哭」，虧他辦得兩行急淚！

接賢賓

香韉鏤襜五花驄⊙ 值春景初融⊙ 流珠噴沫躞蹀、汗血流紅⊙ 少年公子能乘

馭、金鑣玉轡瓏璁。爲惜珊瑚鞭不下、驕生百步千蹤。信穿花、從拂柳、向九陌追風。

音釋：

鑣：ㄐㄧㄢ　藉馬鞍之具也。

韂：ㄔㄢˋ　馬之蔽膝，所以障泥也。

五花驄：與五花馬同，或謂五色毛，恐非。馬有三花、五花、九花等名色。五花謂翦馬鬣爲五絡者耳。〔錢起送梁侍御入京詩〕遙知大苑內，應待五花驄。

蹀躞：ㄒㄧㄝˋ　ㄉㄧㄝˋ，行貌。〔卓文君白頭吟〕躞蹀御溝上，溝水東西流。

汗血：大宛天馬也。又稱千里馬。〔史記、樂書〕後伐大宛得千里馬。〔集解〕應劭曰：大宛舊有天馬種，蹋石汗血，汗從肩膊出如血，號一日千里。

信：任也。

從：亦任也。

集評：

以蒲梢渥窪之餘芳，攙入詞料，亦自無寒酸氣味。湯顯祖

着意刻畫而缺生氣。栩莊漫記

宗按：

全詞寫馬，理宜騰縱，而行文冗滯。栩莊謂爲「缺生氣」，誠有見於牝牡驪黃之外者矣。

贊浦子

錦帳添香睡、金爐換夕熏⊙嬾結芙蓉帶、慵拖翡翠裙⊙　正是桃夭柳媚、那堪暮雨朝雲⊙宋玉高唐意⊙裁瓊欲贈君⊙

音釋：

宋玉：戰國楚鄢人。屈原弟子。官楚大夫，憫屈原放逐，作九辯，述其志。

又作招魂，風賦，高唐賦、神女賦、登徒子好色賦，詞態巧麗，開漢魏六朝靡麗之風。

高唐：賦名，宋玉所作。按，後世稱男女歡合之所曰高唐，曰巫山，曰陽臺，又稱歡合之事曰雲雨，皆出於此。〔文選宋玉高唐賦〕昔者楚襄王與宋玉游雲夢之臺，望高唐之觀。〔注〕濟曰：高唐觀名，懷王時遊雲夢，夢見神女，自稱巫山神女，乃於山下置此觀焉。

裁瓊：〔詩、衞風、木瓜〕投我以木桃，報之以瓊瑤。

校記：

「正是桃夭柳媚」句，一本作「正是柳夭桃媚」，非。

集評：

繁麗頗似飛卿。栩莊漫記

宗按：

栩莊所云，亦漫許之耳。徒恃字面堆垛，尚去飛卿一間。

甘州遍　其一

春光好、公子愛閒遊⊙足風流⊙金鞍白馬、雕弓寶劍、紅纓錦襜出長楸⊙花蔽膝、玉銜頭⊙尋芳逐勝歡宴、絲竹不曾休⊙美人唱、揭調是甘州⊙醉紅樓⊙堯年舜日、樂聖永無憂⊙

音釋：

長楸：大梓也。〔楚辭、九章、哀郢〕望長楸而太息兮，涕淫淫其若霰。〔曹植名都篇〕鬭雞東郊道，走馬長楸間。

蔽膝：馬之護膝，所以障泥者。

銜頭：馬勒口中，所以行馬者。

揭調：高調也。〔王驥德、曲律雜論上〕揭調之說，不特今曲爲然，楊用修詩話云：「樂府家謂揭調者，高調也，高駢詩：「公子邀歡月滿樓，佳人揭調唱伊州，便從席上西風起，直到蕭關水盡頭。」則唐時之歌曲可想見矣。

甘州：唐樂曲名。〔唐書、禮樂志〕天寶閒樂曲，皆以邊地爲名，若涼州、甘州、伊州之類。

校記：

紅纓句，各本「楸」字作「鞦」，從詞律拾遺改。

集評：

麗藻沿于六朝，然一種霸氣，已開宋元間九種三調門戶。湯顯祖

宗按：

辭嫌冗弱。後結頌聖，不脫應制習氣，而實與全文毫沒干涉，湊足字句而已。

甘州遍 其二

秋風緊、平磧雁行低。陣雲齊。蕭蕭颯颯、邊聲四起。愁聞戍角與征鼙。青

塚北、黑山西。沙飛聚散無定、往往路人迷。鐵衣冷、戰馬血沾蹄。破蕃奚。鳳凰詔下、步步躡丹梯。

音釋：

磧：ㄑㄧˋ，沙漠也。〔韻會〕磧、虜中沙漠曰磧。〔杜甫送人從軍詩〕今君渡沙磧，累月斷人煙。

青塚：墓名，在綏遠省歸綏縣南，即王昭君墓。〔明一統志〕大同府王昭君墓，在古豐州西六十里，地多白草，此塚獨青，故名青塚。

黑山：山名，在今河北臨瑜縣。又松江省汪清縣境之老白山亦曰黑山。

鐵衣：鐵甲也。〔樂府木蘭辭〕朔氣傳金柝，寒光照鐵衣。〔王維、老將行〕試拂鐵衣如雪色，聊持寶劍動星文。

蕃奚：種族名，本東胡種。元魏時自號庫莫奚，至隋，始號曰「奚」，居今熱河省一帶，詳見北史及舊唐書。

躡丹梯：謂升陛覲見也。

校記：

破蕃奚句，王本「奚」字作「溪」，作「奚」是。

集評：

描寫邊塞荒寒景象頗佳，詞亦無死聲，佳作也。栩莊漫記

宗按：

視前首遠勝，末語歸至朝廷，有策勳飲至之意，便非虛設。

紗窗恨　其一

新春燕子還來至△　一雙飛⊙　壘巢泥溼時時墜△　涴人衣⊙　後園裏看百花發、香風拂、繡戶金扉⊙　月照紗窗、恨依依⊙

音釋：

涴：汚也。

集評：

意淺詞支。栩莊漫記

宗按：

「紗窗恨」當爲文錫自度之曲，依譜實詞，顯然可見。較之後首，「月照」句尚缺一字，依詞調命名度之，「窗」字下當有一「恨」字，因與下「恨」字重，而誤奪耳。

紗窗恨　其二

雙雙蝶翅塗鉛粉△咂花心⊙綺窗繡戶飛來穩△畫堂陰⊙　二三月愛隨飄絮、伴落花、來拂衣襟⊙更剪輕羅片、傅黃金⊙

音釋：

咂：ㄗㄚ。本入聲。

集評：

咂字尖，穩字妥。他無可喜句。湯顯祖

毛文錫詞，大致匀淨不及熙震，其所撰紗窗恨，可歌也。古今詞話

宗按：

前半尚可，後起已露窘態。

兩詞論文欠工，論調亦非佳製。逐譜填字，支絀已甚。使非出自自度，或反可少勝。

調非佳調，但既有此調矣，律書固不能屏而不錄。當日譜已不存，而楊升庵乃云「可歌」。英雄欺人，往往如是。讀者不可誤信，且據爲典要也。

柳含煙 其一

隋堤柳、汴河旁⊙ 夾岸綠陰千里、龍舟鳳舸木蘭香⊙ 錦帆張⊙ 因夢江南春景好△ 一路流蘇羽葆△ 笙歌未盡起橫流⊙ 鎖春愁⊙

音釋：

汴河：即汴水，本作汳水，又稱汴渠。在今滎陽縣北析流而南，爲蒗蕩渠之上流，折東經中牟縣爲官渡水，又東至開封縣歧爲二，流域北者曰陰溝，流域南者即鴻溝也。

木蘭：植物名，木蘭科，落葉喬木，可以爲舟。〔任昉述异記〕又七里洲中，魯般刻木蘭爲舟，至今存。

錦帆：〔大業記〕煬帝幸江都，所乘龍舟，錦帆錦纜。

校記：

第二句「旁」字各本作「春」字，失韻，依詞律校改。

宗按：

讀前後兩結，令人生樂盡悲來之感，後結尤奇崛，此首庶幾爲得意之作。

柳含煙 其二

河橋柳、占芳春⊙映水含烟拂路、幾回攀折贈行人⊙暗傷神⊙ 樂府吹爲橫笛曲△能使離腸斷續△不如移植在金門⊙近天恩⊙

音釋：

樂府句：〔唐書樂志〕梁樂府有胡吹歌云：「上馬不捉鞭，反拗楊柳枝，下馬吹橫笛。愁殺行客兒。」古樂府又有小折楊柳歌。相和大曲有折楊柳行。清商月曲有折楊柳歌十三曲。又夢溪筆談：「後漢馬融所賦長笛，空洞無底，正似今之尺八。」李善注云：「七孔，長一尺四寸，此乃橫笛耳。」

校記：

不如移植在金門，「移植」二字或作「彩植」，非。

宗按：

前半立意平凡，後半一轉稍勝。

柳含煙 其三

章臺柳、近垂旒。低拂往來冠蓋、朧朧春色滿皇州。瑞煙浮。直與路邊江畔別。免被離人攀折。最憐京兆畫蛾眉。葉纖時。

音釋：

章臺柳：〔太平廣記〕韓翃字君平，有友人每將妙伎柳氏至其居，窺韓所與往還皆名人，必不久貧賤，許配之。未幾，韓從辟淄靑，置柳都下，三歲，寄以詞：「章臺柳，章臺柳」云云。柳答以詞：「楊柳枝，芳非節」云云。後爲番將沙吒利所刼，有虞侯許俊詐取得之，詔歸韓。」按章臺，漢長安中街名，許堯佐因作章臺柳傳。

垂旒：冠冕有旒下垂也。此借喻皇宮。

皇州：猶言帝都。〔謝朓詩〕春色滿皇州。

京兆畫娥眉：漢張敞爲京兆尹，爲其婦畫眉，故時人傳之。〔漢書、張敞傳〕敞爲京兆尹，又爲婦畫眉，長安中，傳張京兆眉嫵，有司以奏，上問之，敞曰：「閨戶之內，夫婦之私，有過於畫眉者。」

宗按：

「垂旒」、「瑞烟」，非正面寫「柳」，而與柳之神態相融合，殊見細巧處。自起筆至「攀折」、文氣一貫。後結兩句，語非不佳，而與前文脫臼，雖佳不佳。文錫常有此病，亦是才力不足之故。

柳含煙 其四

御溝柳、占春多⊙半出宮牆婀娜、有時倒影蘸輕羅⊙麴塵波⊙ 昨日金鑾巡上

苑△風亞舞腰纖軟△栽培得地近皇宮⊙瑞烟濃⊙

音釋：

麴塵：黃綠色。

金鑾：此謂鑾駕，天子之車駕也。

上苑：天子之庭園。上林。〔庾信、徵調曲〕上苑爲烏孫學琴。

亞：猶低也，俯也。〔杜甫入宅詩〕花亞欲移竹，鳥窺新卷簾。

集評：

詠柳之種類極多，今南詞中儘有佳句，若追先進，當從始音。湯顯祖

宗按：

詠柳而輒言皇居，風流盡矣。

醉花間　其一

休相問，怕相問，相問還添恨。春水滿塘生，鸂鶒還相趁。　昨夜雨霏霏，臨明寒一陣，偏憶戍樓人，久絕邊庭信。

音釋：

相趁：謂前後相伴而進，猶今言相追求也。

明：天明也。

邊庭：邊地也。〔杜甫兵車行〕邊庭流血成海水，武皇開邊意未已。〔李益、夜發軍中詩〕今日邊庭戰，緣賞不緣名。

集評：

助教新詞菩薩蠻，司徒絕調醉花間，晚唐風格無逾此，莫道詩家降格還。沈初

花間集毛文錫三十一首，余祇喜其醉花間後段，昨夜雨霏霏數語，情景不奇，寫出政復不易。語淡而眞，亦輕清，亦沈着。餐櫻廡詞話

宗按：

全詞無一懈筆，無一贅字。

極得溫柔敦厚之旨，須於言外求之。

「春水」兩句，看似寫景，而情寓於中，極易爲讀者所忽，故人但賞其後半耳。

醉花間　其二

深相憶，莫相憶，相憶情難極。銀漢是紅牆，一帶遙相隔。金盤珠露滴，兩岸榆花白。風搖玉珮靑，今夕爲何夕。

音釋：

銀漢：天河之別名。亦卽銀河。〔鮑照、夜聽妓詩〕夜來坐幾時，銀漢傾露落。〔李白、秋夕旅懷詩〕夢長銀漢落，覺罷天星稀。

金盤珠露：〔三輔故事〕漢武帝以銅作承露盤，高二十丈，大十圍。上有仙人掌承露，和玉屑飮之以求仙。

集評：

拗語奇聳，不同凡響。湯顯祖

與上章起筆合拍，結筆尤勝上章。白雨齋詞評

宗按：

全文從一「憶」字發出，各句皆有所指。

銀漢紅牆，二語鮮脆。

浣溪沙　其一

春水輕波浸碧苔。枇杷洲上紫檀開。晴日眠沙鸂鶒穩、暖相偎。　羅襪生塵游女過、有人逢着弄珠迴。蘭麝飄香初解珮、忘歸來。

音釋：

忘：ㄨㄤˋ，去聲。

羅襪生塵：〔曹植洛神賦〕淩波微步，羅襪生塵。

游女：〔詩經〕漢有游女，不可方思。

弄珠：〔左思南都賦〕游女弄珠漢皋之曲。〔列仙傳〕鄭交甫：嘗游江漢，見二女皆麗服華妝，佩兩明珠，大如雞卵，交甫見而悅之，不知其神人也。

解珮：脫解珮玉也，亦作解佩。〔列仙傳〕江妃二女遊江濱，見鄭交甫，遂解珮與之，交甫受珮去，數十步懷中無珮，女亦不見。

宗按：

前半寫景，尚有祥和溫煦之氣。

此調四十八字、與四十二字之浣溪沙小異，南唐中主詞則名之曰「攤破浣溪沙」，或曰「山花子」。四十二字之浣溪沙，本浣溪沙之常體，而賀鑄東山樂府則名之爲「減字浣溪沙」。自「攤破浣溪沙」而言，則以四十二字體爲常體，「攤破」其第三、六兩句之七字爲十字，故云「攤破」。自「減字浣溪沙」而言，則又以四十八字體爲常體，「減」去前後結各三字爲七字句，故云「減字」。究竟何者爲浣溪沙之常體，幾難論定。大抵無論四十二字體或四十八字體，調風完全一致，皆浣溪沙耳。毛文錫二首，一為四十八字，一為四十二字，而皆名曰浣溪沙，可證二體在初期皆視為常體，至後世始以四十二字體為正耳。

浣溪沙 其二

七夕年年信不違⊙銀河淸淺白雲微⊙蟾光鵲影伯勞飛⊙　每恨蟪蛄憐婺女、幾迴嬌妬下鴛機⊙今宵嘉會兩依依⊙

音釋：

違：失也。

蟾光：月光也。

鵲影：謂鵲橋，天河也。俗傳七夕織女當渡河，使鵲為橋。〔李白、擬古詩〕銀河無鵲橋，非時將安適？

伯勞：鳥名，亦稱博勞，一名鶪。

蟪蛄：亦作蟪蛄，蟬之一種。〔莊子逍遙遊〕蟪蛄不知春秋。

婺女：星名，卽女宿。〔史記、天官書〕婺女，其北織女，織女，天女孫也。

集評：

意淺辭庸，味如嚼蠟。栩莊漫記

宗按：

殊無可取。

月宮春

水精宮裏桂花開⊙神仙探幾廻⊙紅花金蕊繡重臺⊙低傾馬腦盃⊙　玉兎銀蟾爭守護、姮娥姹女戲相偎⊙遙聽鈞天九奏、玉皇親看來⊙

音釋：

探：ㄊㄢˋ，去聲。

重：ㄔㄨㄥˊ，平聲。

重臺：複瓣之花。〔韓偓妬媒詩〕好鳥豈須兼比翼，異花何必更重臺。

馬腦：今作瑪瑙，〔宋史渤海國傳〕永徽五年，遣使獻琥珀，馬腦。
玉兔：謂月也。俗傳月中兔，故以玉兔爲月之代詞。
姮娥：即嫦娥，月也。〔郭璞遊仙詩〕姮娥揚妙音，洪厓頷其頤。
鈞天九奏：謂天上之音樂。〔呂氏春秋有始〕中央曰鈞天。〔列子周穆王〕鈞天廣樂，帝之所居。〔史記趙世家〕我之帝所，甚樂，與百神遊於鈞天，廣樂九奏萬舞。
玉皇：天帝之稱，亦曰玉帝。

宗按：

此亦文錫創調，詠月宮，亦無精釆。

戀情深　其一

滴滴銅壺寒漏咽△醉紅樓月△宴餘香殿會鴛衾⊙蕩春心⊙　眞珠簾下曉光侵⊙鶯語隔瓊林⊙寶帳欲開慵起、戀情深⊙

宗按：

後半寫一「戀字」，雖無深意，亦見技巧。

戀情深　其二

玉殿春濃花爛漫△簇神仙伴△羅裙窣地縷黃金⊙奏淸音⊙　酒闌歌罷兩沈沈⊙一笑動君心⊙永願作鴛鴦伴、戀情深⊙

集評：

緣題敷衍，味若塵羹。毛詞之所以爲「毛」也。栩莊漫記

宗按：

此調亦文錫創調，詞成而後命題，非緣題敷衍也。栩莊妙語，不止雙關。

訴衷情　其一

桃花流水漾縱橫⊙　春晝彩霞明⊙　劉郎去、阮郎行⊙　惆悵恨難平⊙　愁坐對雲屏⊙　筭歸程⊙　何時携手洞邊迎⊙　訴衷情⊙

音釋：

劉郎阮郎：謂東漢劉晨與阮肇，見溫庭筠思帝鄉注。

宗按：

由天台二女立意，意苦不深。

訴衷情　其二

鴛鴦交頸繡衣輕⊙　碧沼藕花馨⊙　偎藻荇、映蘭汀⊙　和雨浴浮萍⊙　思婦對心驚⊙　想邊庭⊙　何時解珮掩雲屏⊙　訴衷情⊙

音釋：

思：ㄙˋ。

校記：

「偎」，或作「隈」。

集評：

無定河邊，春閨夢裏，不止尋常閨怨。湯顯祖

此二詞亦如戀情深之嵌字格。雖較勻淨。終爲庸濫之音。栩莊漫記

宗按：

前半寫鴛鴦，後半轉入思婦爲主，比重未能適當。「對心驚」三字，造語不完整；「解珮」二字，用之「思婦」，亦欠妥。

應天長

平江波暖鴛鴦語△兩兩釣船歸極浦△蘆州一夜風和雨△飛起淺沙翹雪鷺△ 魚鐙明遠渚△蘭棹今宵何處△羅袂從風輕擧△愁殺採蓮女△

宗按：

無中心，無主意，全文散碎。

河滿子

紅粉樓前月照、碧紗窗外鶯啼⊙夢斷遼陽音信、那堪獨守空閨⊙恨對百花時節、王孫綠草萋萋⊙

音釋：

王孫：貴族之後裔。猶言貴公子也。〔楚辭、淮南王、招隱士〕王孫遊兮不歸，春草生兮萋萋。

宗按：

特金昌緒「打起黃鶯兒」一詩之鋪展耳。無金詩之警鍊，而含蓄過之。

巫山一段雲

雨霽巫山上、雲輕映碧天。遠風吹散又相連。十二晚峯前。　暗溼啼猿樹、高籠過客船。朝朝暮暮楚江邊、幾度降神仙。

集評：

一自高唐成賦後，楚天雲雨盡堪疑。信然。湯顯祖

神光離合，高唐神女之流亞也。白雨齋詞評

毛詞以質直爲情致，殊不知流于率露，致令諸人評庸陋詞者，必曰：「此乃仿毛文錫之贊成功而不及者乎！」逮覽其全集，而其詠巫山一段雲，其細心微詣，直造蓬萊頂上。葉夢得

「遠風吹散」二句，甚有烟雲縹渺之致，可稱佳句，惜下半闋又過于着實耳。栩莊漫記

宗按：

用本意，尤切「雲」字。前結發人遐想，後起引入客愁，自不失爲佳作。「朝朝暮暮」四字，用於此處，信非泛文。

臨江仙

暮蟬聲盡落斜陽⊙銀蟾影挂瀟湘⊙黃陵廟側水茫茫⊙楚山紅樹、煙雨隔高唐⊙

岸泊漁鐙風颭碎、白蘋遠散濃香⊙靈娥鼓瑟韻清商⊙朱絃淒切、雲散碧天長⊙

音釋：

黃陵廟：〔韓愈黃陵廟碑〕湘旁有廟曰黃陵，自前古以祠堯之二女舜二妃者。

高唐：見前贊浦子註。

靈娥：謂湘靈，湘水之神也。〔後漢書馬融傳〕湘靈下，漢女游。〔注〕湘靈，舜妃，溺於湘水，爲湘夫人也。

宗按：亦緣題之作也，黃陵三句，亦有迷離縹渺之致。

牛學士 希濟 十一首

牛希濟，嶠之兄子。仕蜀官至御史中丞、入唐授雍州節度副使。

附錄：

牛希濟，後主時累官翰林學士，御史中丞。國亡，入洛，唐明宗宣宰相王鍇，張格，庾傳素及希濟，各賜一韻，試「蜀主降唐詩」五十六字。鍇等皆諷後主僭號荒淫失國。獨希濟得川字詩，意但述數盡，不謗君親。詩曰：滿城文武欲朝天，不覺鄰師犯塞烟。唐主再懸新日月，蜀王還却舊山川。非干將相扶持拙，自是君臣數盡年。古往今來亦如此，幾曾歡笑幾潸然。明宗得詩歎曰：如牛希濟才思敏妙，不傷兩國，迥存忠孝者罕矣。卽拜雍州節度副使。希濟素以詩辭擅名。所撰臨江仙一闋，有云：「月斜江上，征棹動晨鐘。」又云：「風流皆道勝人間。須知狂客。拚死爲紅顏。」特爲詞家之雋。

又次牛嶠女冠子四闋，時輩嘖嘖稱道。十國春秋

集評：

希濟詞筆清俊，勝于乃叔，雅近韋莊，尤善白描。栩莊漫記

臨江仙　其一

峭碧參差十二峯。冷烟寒樹重重。瑤姬宮殿是仙蹤。金鑪珠帳、香靄晝偏濃。

一自楚王驚夢斷、人間無路相逢。至今雲雨帶愁容。月斜江上、征棹動晨鐘。

集評：

全詞詠巫山神女事，妙在結二句，使實處俱化空靈矣。栩莊漫記

宗按：

此首詠巫山神女。後起兩句，結斷前文。「至今」二字歸至眼前。「月斜江上」，

令人有空虛悵惘之感。惟征棹句結得微嫌鬆懈，使能關鎖全文，或於「愁容」字稍稍映帶，更見深渺。

希濟臨江仙七首，分詠女仙，已爲少游調笑啓其先路。

臨江仙　其二

謝家仙觀寄雲岑。巖蘿拂地成陰。洞房不閉白雲深。當時丹竈、一粒化黃金。
石壁霞衣猶半挂、松風長似鳴琴。時聞唳鶴起前林。十洲高會、何處許相尋。

音釋：

洞房：謂室之深邃者。〔沈炯、幽庭賦〕轉洞房而引景，偃飛閣而藏霞。

十洲：海中之十洲也。〔海內十洲記〕漢武帝既聞西王母說，八方巨海之中，有祖洲，瀛洲、玄洲、炎洲、長洲、元洲、流洲，生洲、鳳麟洲、聚窟洲，有此十洲，乃人跡所稀絕處。

集評：

詞作道教語而妙在石壁霞衣猶半挂，松風長似鳴琴，用一猶字，一似字，便覺虛無縹渺，不落板滯矣。栩莊漫記

宗按：

此首似詠女仙謝自然。太平廣記卷六十六，引集仙錄略云：「謝自然者，其先兗州人……貞元三年於開元觀詣絕粒道士程太虛，受五千文紫靈寶籙。……自然絕粒凡一十三年……於金泉道場白日昇天，士女數千人，咸共瞻仰……所著衣冠簪帔一十事，脫留小床上，結繫若舊。」

臨江仙　其三

渭闕宮城秦樹凋⊙玉樓獨上無憀⊙含情不語自吹簫⊙調清和恨、天路逐風飄⊙

何事乘龍人忽降、似知深意相招⊙三清攜手路非遙⊙世間屏障、彩筆畫嬌嬈⊙

音釋：

吹簫：〔列仙傳〕蕭史者，秦穆公時人。善吹簫，能致白鶴孔雀。穆公女弄玉好之，公妻焉，一旦隨鳳飛去。

乘龍：〔神仙傳拾遺〕……一旦，弄玉乘鳳，蕭史乘龍，昇天而去。

三清：〔陶弘景賦〕迎九玄于金闕，謁三素于玉清。〔注〕：上清、玉清、太清、三清皆仙居也。

宗按：

此首詠秦弄玉。前結美，後結泛。

臨江仙 其四

江繞黃陵春廟閑。嬌鶯獨語關關。滿庭重疊綠苔斑。陰雲無事、四散自歸山。

簫鼓聲稀香燼冷、月娥斂盡彎環。風流皆道勝人間。須知狂客、判死爲紅顏。

音釋：

黃陵廟：見前毛文錫臨江仙注。

判：ㄆㄢ，同拚。

集評：

風流皆道勝人間，須知狂客，拚死爲紅顏，抑何狂惑也。然詞則妙矣。皺水軒詞筌

須知狂客拚死爲紅顏，可謂說得出，妙在語拙而情深。然以詠二妃廟，又頗覺其不倫。栩莊漫記

宗按：

按韓愈黃陵廟碑，此首宜詠湘妃，殊不貼切；然意境甚美。後結轉入自身，快人快語，亦荒唐，亦妙。

臨江仙 其五

素洛春光瀲灩平⊙千重媚臉初生⊙淩波羅襪勢輕輕⊙烟籠日照、珠翠半分明⊙
風引寶衣疑欲舞、鸞廻鳳翥堪驚⊙也知心許恐無成⊙陳王辭賦、千載有聲名⊙

音釋：

瀲灩：波光反映貌。〔杜牧題齊安城樓詩〕嗚軋江樓角一聲，微陽瀲灩落寒汀。

凌波：喻美人之步履輕逸有如凌波上行也。〔神仙傳〕乘雲步虛，越海凌波，出入無閒，呼吸千里。〔曹植洛神賦〕凌波微步，羅襪生塵。

陳王：三國、魏陳思王之略稱。卽曹植也。〔文選、沈約、宿東園詩〕陳王鬬鷄道，安仁采樵路。

集評：

洛神寫照，正在阿堵中。驚鴻游龍數語，已爲描盡。湯顯祖

宗按：

此首詠洛妃。結句五字，索然無味。

臨江仙　其六

柳帶搖風漢水濱⊙平蕪兩岸爭匀⊙鴛鴦對浴浪痕新⊙弄珠游女、微笑自含春⊙
輕步暗移蟬鬢動、羅裙風惹輕塵⊙水精宮殿豈無因⊙空勞纖手、解珮贈情人⊙

音釋：

游女、弄珠、解珮：均見前毛文錫浣溪沙注。

宗按

此首詠江妃，語多泛設。

臨江仙　其七

洞庭波浪颭晴天⊙君山一點凝烟⊙此中眞境屬神仙⊙玉樓珠殿、相映月輪邊⊙

萬里平湖秋色冷、晨辰垂影參然⊙橘林霜重更紅鮮⊙羅浮山下、有路暗相連⊙

音釋：

君山：山名，在湖南省岳陽縣西南，洞庭湖中，周圍七里餘，一名湘山，一名洞庭山。古又稱爲編山。登岳陽樓望之，全山在目。相傳舜妃湘君遊此，故名。秦始皇浮江至湘山祠，遇大風，怒而伐湘山樹，赭其山，卽此。〔水經、湘水注〕湖中有君山，湘君之所遊處，故曰君山矣。

羅浮山：山名，在今廣東省增城縣東，跨博羅縣界。〔讀史方輿紀要、廣東名山〕羅山之脈來自大庾，浮山乃蓬萊之一島，來自海中，與羅山合，故曰羅浮，其瑰奇靈異，游歷所不能遍。

校記：

萬里句，一本作萬頃。

集評：

冷字下得妙，便覺全句有神。湯顯祖

颭字冷字均妙絕。栩莊漫記

宗按：

此首似詠杜蘭香，亦不甚切。次句君山，已明點湖南之洞庭湖。後結兩句，用謝靈運羅浮山賦序意，序云：「客夜夢見延陵茅山，在京之東南。旦明得洞經所載羅浮山事云：『茅山是洞庭口，南通羅浮。』正與夢中意相會。」語雖不經，要其所謂洞庭，則太湖中之洞庭山耳，一再附會，不知所底矣。

酒泉子

枕轉簟涼⊙清曉遠鐘殘夢△月光斜、簾影動△舊鑪香⊙　夢中說盡相思事△纖手勻雙淚△去年書、今日意△斷離腸△

集評：

羅羅清疏。栩莊漫記

宗按：

末三句九字，曲而穩。

生查子

春山煙欲收、天澹稀星小△殘月臉邊明、別淚臨清曉△　語已多、情未了△迴首猶重道△記得綠羅裙、處處憐芳草△

校記：

語已多句，一本無「已」字，亦可。

集評：

春山十字，別後神理。曉風殘月，不是過也。結筆尤佳。白雨齋詞評

記得綠羅裙，處處憐芳草，詞旨悱惻溫厚，而造句近乎自然，豈飛卿輩所可企及？語多情未了，迴首猶重道，將人人共有之情和盤托出，是爲善于言情。栩莊漫記

宗按：

「春山」十字，只寫別時之景，而非別後之神。不知亦峯何以云云！

「殘月」十字，方是妙筆，前兩句，常人能爲，後兩句虧他道出。

羅裙芳草，是作者精采得意處，而亦峯僅賞其春山天濬，可見其重櫝而輕珠也。

中興樂

池塘暖碧浸晴暉。濛濛柳絮輕飛。紅蕊凋來、醉夢還稀。春雲空有雁歸。珠簾垂。東風寂寞、恨郎拋擲、淚濕羅衣。

集評：

池塘暖碧浸晴暉，又有春雲柳絮，已具四難之半，那得更生他想。湯顯祖

宗按：

春雲句淒與美兼。

若士解人，但常作皮相語，亦奇。

謁金門

秋已暮。重疊關山岐路。嘶馬搖鞭何處去。曉禽霜滿樹。夢斷禁城鐘鼓。淚滴枕檀無數。一點凝紅和薄霧。翠娥愁不語。

校記：

末句，王本「蛾」字作「娥」，兩可。

集評：

嘶馬二句，好一幅秋林曉行圖，惜下闋不稱。栩莊漫記

宗按：

「曉禽霜滿樹」五字，何等清健，一轉入「淚滴枕檀」，便敗人意興。花間諸公，跳不出綺羅薌澤，故不能達高絕之境，要亦風氣使然，不足深責也。

歐陽舍人 炯

十七首

歐陽炯、益州華陽人。少事王衍，爲中書舍人。後唐同光中、蜀平，隨衍至洛陽。孟知祥鎭成都，炯復來入蜀。知祥僭號，累遷門下侍郎，兼戶部尚書平章事。後從孟昶歸宋，爲散騎常侍，以開寶四年卒。年七十六。炯性坦率。無檢操。雅善長笛。

集評：

僞蜀歐陽炯，嘗應命作宮詞，淫靡甚於韓偓。十國春秋

浣溪沙 其一

落絮殘鶯半日天⊙玉柔花醉只思眠⊙惹窗映竹滿爐煙⊙獨掩畫屏愁不語、斜

欹瑤枕髻鬟偏。此時心在阿誰邊。

集評：

玉柔花醉，用字姸麗。栩莊漫記

宗按：

草草成篇，遂之精采，一問作結，無聊之尤。「半日天」，不成語。

浣溪沙 其二

天碧羅衣拂地垂。美人初著更相宜。宛風如舞透香肌。獨坐含嚬吹鳳竹、園中緩步折花枝。有情無力泥人時。

宗按：

後起一聯，信筆成文，顯然敷湊。然結句七字卻能入神。天水碧爲南唐後主所喜，此亦云云，殆亦時世所尚歟？

浣溪沙　其三

相見休言有淚珠。酒闌重得敘歡娛。鳳屏鴛枕宿金鋪。　蘭麝細香聞喘息、綺羅纖縷見肌膚。此時還恨薄情無。

音釋：

金鋪：此處作床鋪解。

集評：

自有艷詞以來，殆莫艷于此矣。半塘僧鶩曰：「奚翅艷而已，直是大且重。」苟無花間詞筆，孰敢爲斯語者？蕙風詞話

歐陽炯浣溪沙相見休言有淚珠一首，敘事層次井然，敘情淋漓盡態，而着語尚有分寸，以視柳七黃九之粗俗不堪，自有上下牀之別。栩莊漫記

宗按：

情眞雖艷無傷，辭游雖貞無取，前人賞此，不爲無因。

三字令

春欲盡、日遲遲。牡丹時。羅幌卷、翠簾垂。彩牋書、紅粉淚、兩心知。人不在、燕空歸。負佳期。香燼落、枕函欹。月分明、花淡薄、惹相思。

集評：

兩心知三字溫厚，較憶君君不知更深。好在分明淡薄四字。白雨齋詞評

逐句三字轉而不窘，不乏，不崛頭，亦是老手。湯顯祖

羅幌卷。翠簾垂。彩牋書、紅粉淚。兩心知。由外而內。香燼落，枕函欹，月分明。花淡薄。惹相思。由內而外。芷齋詩餘偶評

宗按：

此調全文皆三字句，前後疊結構全同。舍人此作，如僚弄丸，運轉靈活，可謂善於用調。試爲分析，即可了然。前起「春欲盡」及後起「人不在」各三句，自成一小段。因兩韻緊接，故第三句，必須自第一二句引出，方非贅附。如「時」字自「春」、「日」引出，「負」字自「不」「空」引出。其次如「羅幌」及「香

爐」各二句，又自成一小段，宜作對偶平列，稍稍鋪敘。至於兩結則各三句，止各用一韻，則宜兩句平列，末句雙鎖前文。如「書」、「淚」二事，以「兩心知」之「知」字鎖之，「月」、「花」二事，則以「惹相思」之「惹」字鎖之。解此方足以語用調，若只知逐句以三字塡入，雖音節無訛，文氣必阻矣。

南鄉子　其一

嫩草如煙⊙石榴花發海南天⊙日暮江亭春影淥△鴛鴦浴△水遠山長看不足△

宗按：

舍人南鄉子八首，皆寫炎方風土，別饒情致。此首起筆雖有點綴，後文終嫌太泛。

南鄉子　其二

畫舸停橈⊙槿花籬外竹橫橋⊙水上遊人沙上女△迴顧△笑指芭蕉林裏住△

集評：

儼然一幅畫圖。栩莊漫記

宗按：

情景兼融，如身歷其境矣。

此八首中，惟二三兩首第四句各短一字，調風稍損，語氣亦欠圓足。如「廻顧」上或奪一「偷」字「頻」字，下首「臨水」二字之間，或落一「溪」字「秋」字，亦未可知。顧無他本可證，不敢堅執。至譜書以舍人旣有此兩首全同，勢不能不列爲「又一體」，自亦無可如何之事。依常情論，八首同題同調，一氣呵成，作者決不至「貧於一字」，另取一體，其爲漏奪，固可斷言。況少此一字，於文氣亦有未足耶！

南鄉子　其三

岸遠沙平，日斜歸路晚霞明。孔雀自憐金翠尾，臨水，認得行人驚不起。

集評：

未起意先改，直下語似頓挫。認得行人驚不起順挫語似直下，驚字倒裝。詞辨

遣詞用意，俱有別致。白雨齋詞評

宗按：

孔雀於他處爲珍禽，在南中則習見，故見人不驚。作者用意在此。

孔雀自憐翠尾，故見麗妝則開屏自炫，臨清流而顧影，深得物理。

臨水開屏，光采爛然，得「遠岸」「明霞」，爲之映帶，益見絢麗，可知首兩句之景，亦曾費經營也。

南鄉子 其四

洞口誰家。木蘭船繫木蘭花。細袖女郎相引去。遊南浦。笑倚春風相對語。

宗按：

信筆翦景，而南國民間，癡兒憨女，無邪無慮之情自見。

南鄉子 其五

二八花鈿。胸前如雪臉如蓮。耳墜金環穿瑟瑟。霞衣窄。笑倚江頭招遠客。

音釋：

鈿：ㄊㄧㄢˊ，平聲。

瑟瑟：珠玉名。〔通雅〕瑟瑟有三種，寶石如珠，眞者透碧。番燒者圓而明，中國之水料燒珠，亦借名瑟瑟。

校記：

耳墜句，「環」字一本作「鬟」，非。

宗按：

「胸前如雪」四字，前人亦不常道。末句似率直，而實逼眞。

南鄉子　其六

路入南中⊙桄榔葉暗蓼花紅⊙兩岸人家微雨後△收紅豆△樹底纖纖擡素手△

音釋：

桄榔：植物名。〔玉篇〕廣志云：桄榔樹如椶葉，木中有屑如麪。〔述異記〕西蜀石門山有樹，名曰桄榔，皮裏出屑如麪，用作餅食之，與麪相似，因謂之桄榔麪焉。〔李德裕、嶺南道中詩〕嶺水爭分路轉迷，桄榔椰葉暗蠻溪。

紅豆：植物名，蔓生木之一種，產嶺南，子大如豌豆，略扁，色鮮紅，亦稱相思子。〔王維、相思詩〕紅豆生南國，春來發幾枝。

集評：

好在收紅豆三字，觸景生情，有如此境。白雨齋詞評

宗按：

全文寫南中風土，人物如畫。初來台灣者，同有此感，惟此間不產紅豆而已。

南鄉子 其七

袖斂鮫綃⊙ 採香深洞笑相邀⊙ 藤杖枝頭蘆酒滴△ 鋪葵蓆△ 荳蔻花間趖晚日△

音釋：

蘆酒：以蘆管吸酒也。〔雞肋篇〕關右塞上人造酒，以蘆管呼吸於瓶中，杜詩蘆酒蓋卽此。

葵蓆：以蒲葵葉爲席，猶今之「榻榻眠也」。

趖：ㄙㄨㄛ，落也。〔說文〕趖走意，从走坐聲。〔段注〕今京師人謂日昳爲晌午趖。

鮫綃：〔述異記〕南海出鮫綃，一名龍紗，以爲服，入水不濡。

宗按：

谿嶺間人，誠懷葛之民也，讀此令人神往。

南鄉子　其八

翡翠鵁鶄，白蘋香裏小沙汀。島上陰陰秋雨色，蘆花撲，數隻漁船何處宿。

音釋：

隻：ㄓˋ，本入聲。

集評：

短詞之難，難于起得不自然，結得不悠遠。諸詞起句無一重覆，而結語皆有餘思，允稱合作。湯顯祖

宗按：

亦復甚佳，然視前諸作爲遜，蓋風土特徵不足，移人不如前作之甚也。

獻衷心

見好花顏色、爭笑東風⊙雙臉上、晚妝同⊙閉小樓深閣、春景重重⊙三五夜、偏有恨、月明中⊙　情未已、信曾通⊙滿衣猶自染檀紅⊙恨不如雙燕、飛舞簾櫳⊙春欲暮、殘絮盡、柳條空⊙

校記：

飛舞句，花草粹編飛字下有入字。

集評：

三五夜，月明中，忽加入偏有恨三字奇絕。栩莊漫記

宗按：

調既不佳，辭亦冗泛。栩莊所見亦甚是，然小妍不足以救大媸。

賀明朝 其一

憶昔花間初識面△紅袖半遮、妝臉輕轉△石榴裙帶、故將纖纖、玉指偷撚△雙鳳金線△　碧梧桐鎖深深院△誰料得兩情、何日教繾綣△羨春來雙燕△飛到玉樓、朝暮相見△

集評：

歐陽炯詞南歌子外，另一種極爲濃麗，兼有俳調風味，如賀明朝諸詞，後啓柳屯田，上承溫飛卿。艷而近于靡矣。栩莊漫記

宗按：

此調詞律失收，御製詞譜，作賀熙朝，不知所本，當是纂脩諸臣，忌用「明朝」字樣，故改「明」爲「熙」，以取媚康「熙」耳。此調僅見花間集，而兩首句叶並不全同，詞譜亦姑以二首對勘，勉爲分句，語氣終不流順。

賀明朝 其二

憶昔花間相見後△只憑纖手△暗拋紅豆△人前不解、巧傳心事、別來依舊△辜負春晝△　碧羅衣上蹙金繡△覩對對鴛鴦、空裛淚痕透△想韶顏非久△終是爲伊、只恁偷瘦△

校記：

覩對鴛鴦句，一本少一「對」字，以有爲是。

宗按：

二詞均不甚佳，但已開柳七一派。

江城子

晚。日。金。陵。岸。草。平⊙落霞。明⊙水無。情。⊙六代。繁。華、暗逐。逝。波。聲⊙空有。姑。蘇。臺。上。

月、如西子鏡照江城⊙

音釋：

姑蘇臺：臺名，在姑蘇山上。吳王夫差破越。得美人西施，爲之築臺，一名胥臺。〔文選左思吳都賦〕造姑蘇之高臺。

集評：

較越王宮殿，蘋葉藕花中，更勝一着。白雨齋詞評

此詞妙處在如西子鏡一句，橫空牽入，遂爾推陳出新。栩莊漫記

宗按：

弔古傷今，而吐辭溫婉。

江城子調，結尾應作三字兩句，方合。諸家於「如西子鏡」四字分句，甚覺棘口，依譜應多一字。若少一「如」字，用隱喻法，未嘗不可；但仍不如多一字爲明。若「如」字既不可省，則結尾不如作七字句，語氣轉順，亦無傷小令風格。

鳳樓春

鳳髻綠雲叢⊙深掩房櫳⊙錦書通⊙夢中相見覺來慵⊙匀面淚、臉珠融⊙因想玉郎何處去、對淑景誰同⊙小樓中⊙春思無窮⊙倚欄顒望、闇牽愁緒、柳花飛趁東風⊙斜日照簾、羅幌香冷粉屏空⊙海棠零落、鶯語殘紅⊙

校記：

鳳樓春，止舍人此首，無可校正，其間文字，定有訛奪，姑依譜律點定如此。

柳花句，「趁」字各本作「起」，依歷代詩餘改。

羅幌句，一作羅幕。

集評：

因夢者，因夢而有想也，淚痕血點。白雨齋詞評

宗按：

此詞文無可取，調亦不佳，乃陳亦峯又於此處作情癡語，令人失笑。

和學士 凝

二十首

和凝字成績，鄆州人。唐進士。仕晉爲左僕射，仕漢封魯國公，入周爲侍中。有紅葉稿一卷。

附錄：

和凝字成績，鄆州須昌人也。九世祖逢堯，爲唐監察御史，其後世遂不復宦學。凝父矩，性嗜酒，不拘小節。然獨好禮文士，每傾貲以交之，以故凝得與之游。而凝幼聰敏，神形秀發。舉進士，梁義成軍節度使賀瓌辟爲從事。與唐莊宗戰于胡柳，瓌戰敗，脫身走，獨凝隨之。反顧見凝，揮之使去，凝曰：「大丈夫當爲知己死，吾恨未得死所爾，豈可去也？」已而一騎追瓌，幾及，凝叱之，不止。卽引弓射殺之。瓌由此得免。瓌歸戒其諸子曰：「和生志義之士也，後必富貴，爾其謹事之。因妻之以女。天成中拜殿中侍御史。累遷主客員外郎，知制誥，翰林學士，知貢舉。是時進士多浮薄，喜爲諠譁，以動主司。主司每放榜，則圍之以棘，閉省門，絕人出入以爲常。凝撤棘開門而士皆肅然無譁。所取皆一時之秀，稱爲得人。晉初拜端明殿學士，兼判度支，爲翰林學士承旨，晉高祖數召之，問以時事，凝對皆稱旨。天福五年，拜中書侍郎同中書門下平章事。高祖將幸鄴，而襄州安從進反迹已見。凝曰：「陛下幸鄴，從進必因此時反，則將奈何？」高祖曰：「卿將何以待之？」凝曰：「先人者所以奪人也。請爲宣勅十餘通，授之鄭王。有急則命將擊之。」高祖以爲然。是時鄭王爲開封尹，留不從幸，乃授以宣勅。高祖至鄴，從進果反。鄭王卽以宣勅命騎將李建崇焦繼勳等討之。從進謂高祖方幸鄴，不意晉兵之速也，行至花山遇建崇等兵，以爲神，遂敗走。出帝卽位，加右僕射，歲餘，罷平章事，遷左僕射。漢高祖時拜太子太傅，封魯國公。顯德二年卒，年五十八。贈侍中。凝好飾車服。爲文章以多爲富。有集百餘卷，嘗自鏤板以行于世，識者多非之。然性樂善，好稱道後進之士。唐故事：知貢舉所放進士，以已及第時名次爲重。凝舉進士及第時第五。後知貢舉，選范質爲第五，後質位至宰相，封魯國公，官至太子太傅，皆與凝

同，同時以爲榮焉。新五代史

集評：

和詞如臨江仙披袍窣地紅金錦一首，麥秀兩歧云：涼簟鋪斑竹。鴛枕並紅玉。臉蓮紅。眉柳綠。胸雪宜新浴，淡黃衫子裁春縠。異香芳馥。羞道交迴燭，未慣雙雙宿。樹連枝。魚比目。掌上腰如束。嬌嬈不爭人拳跼，黛眉微蹙。奇艷絕倫，所謂古蕃錦。江城子云：初夜含嬌入洞房。理殘妝。柳眉長。翡翠屏中。親爇玉爐香。整理金釵呼小玉。排紅燭。待潘郎。又云：竹裏風生月上門。理秦箏。對雲屏。輕撥朱弦。恐亂馬蹄聲。含笑整衣開繡戶。斜斂手。下階迎。又云：迎得郎來入繡幃。語相思。連理枝。鬢亂釵垂。梳墮印山眉。婭姹含情嬌不語。纖玉手。撫郎衣。又云：帳裏鴛鴦交頸情。恨雞聲。天已明。愁見街前。還是說歸程。臨上馬時期後會。待梅綻。月初生。此五闋介在清與艷之間。餐櫻廡詞話摘其江城子輕撥朱弦二語，以謂熨貼入微。余喜其婭姹含情嬌不語。纖玉手。撫郎衣。清中含艷。愈嬌愈清。臨江仙云：嬌羞不肯入鴛衾。蘭膏光裏兩情深。尤能狀難狀之情景。況周頤

和成績詞自是花間一大家，其詞有淸秀處，有富艷處，蓋介乎溫韋之間也。栩莊漫記

小重山 其一

春入神京萬木芳⊙禁林鶯語滑、蝶飛狂⊙曉花擎露妬啼妝⊙紅日永、風和百花香⊙煙鎖柳絲長⊙御溝澄碧水、轉池塘⊙時時微雨洗風光⊙天衢遠、到處引笙簧⊙

校記：

末句「簧」字，吳本毛本皆作「篁」，誤。

集評：

藻麗有富貴氣。楊愼

宗按：

「禁林」兩句，頗見承平煙景。

小重山　其二

正是神京爛漫時⊙羣仙初折得、郄詵枝⊙烏犀白紵最相宜⊙精神出、御陌袖鞭垂⊙　柳色展愁眉⊙管弦分響亮、探花期⊙光陰占斷曲江池⊙新牓上、名姓徹丹墀⊙

音釋：

郄詵： 郄音ㄒㄧˋ。本入聲。〔晉書〕郄詵對曰：臣舉對策，爲天下第一，猶桂林之一枝，崑山之片玉也。

烏犀： 謂以犀角爲簪也。

白紵： 細而潔白之夏布。〔劉禹錫、挿田歌〕農婦白紵裙，農夫綠蓑衣。

曲江池： 在陝西省長安縣東南，漢武帝造宜春苑於此，水流曲折，有如之江，故名，唐開元間，更加疏鑿，池畔有紫雲樓，芙蓉苑，杏園，慈恩寺，樂遊園諸勝，每歲中和、上巳，遊客如雲，秀士登科，亦賜宴於此，今已湮爲陸。

丹墀： 墀音ㄔˊ。丹漆所塗之庭階。〔張衡西京賦〕青瑣丹墀。

宗按：

此亦寫及第風光，然不如喜遷鶯熱鬧，不獨文字爲然，取調亦有關也。

臨江仙 其一

海棠香老春江晚、小樓霧縠空濛⊙翠鬟初出繡簾中⊙麝烟鸞珮惹蘋風⊙碾玉釵搖鸂鶒戰、雪肌雲鬢將融⊙含情遙指碧波東⊙越王臺殿蓼花紅⊙

集評：

結句設想，出人意表。栩莊漫記

宗按：

後段雖亦可作深解，氣氛究不調和。

臨江仙 其二

披袍窣地紅宮錦、鶯語時轉輕音⊙碧羅冠子穩犀簪⊙鳳凰雙颭步搖金⊙肌骨細匀紅玉軟、臉波微送春心。嬌羞不肯入鴛衾。蘭膏光裡兩情深。

音釋：

窣地：窣音ㄘㄨˋ，拂地也。

簪：ㄓㄣ，古屬閉口。

步搖：古婦人首飾名。〔釋名、釋首飾〕步搖上有垂珠，步則搖也。

蘭膏：謂燭也。〔楚辭〕蘭膏明燭。

集評：

嬌羞二句，尤能狀難狀之情景。況周頤

上半闋極寫服飾之盛麗，溫詞所有者也。下半闋則飛卿所不逮也。栩莊漫記

宗按：

蘭膏句，含蓄蕩漾，尤難爲懷。

菩薩蠻

越梅半坼輕寒裡△冰淸澹薄籠藍水△暖覺杏梢紅。遊絲狂惹風。閒堦莎徑

碧△遠夢猶堪惜△離恨又逢春⊙相思難重陳⊙

校記：

離恨句，吳本「逢春」作「迎春」，作逢勝。

宗按：

「暖覺杏梢紅」句差可，餘不稱。

山花子 其一

鶯錦蟬紗馥麝臍⊙輕裾花早曉烟迷⊙鸂鶒顫金紅掌墜、翠雲低⊙　星靨笑偎霞臉畔、蹙金開襜襯銀泥⊙春思半和芳草嫩、綠萋萋⊙

音釋：

麝臍：即麝香，麝之腹部香腺所產之分泌物也。可作香料及藥用。

紅掌：謂首飾水鳥之掌也。

翠雲：謂髮。

襜：ㄔㄢˋ。
思：ㄙˋ。

校記：

首句「紗」字各本作「縠」，非。
輕裾句，「早」字亦作「草」，均欠佳。
末句，毛本「綠」字作「碧」，兩可。

集評：

星鬣二句，置之溫尉詞中，可亂楮葉。栩莊漫記

宗按：

全文堆垜，後結稍稍靈動。

山花子　其二

銀字笙寒調正長⊙水紋簟冷畫屏涼⊙玉腕重（　）金扼臂、澹梳妝⊙幾度試

香纖手暖、一廻嘗酒絳唇光。佯弄紅絲蠅拂子、打檀郎。

音釋：

銀字：管樂器上以銀鑲字者。〔新唐書、禮樂志〕倍四本屬清樂，形類雅音，而曲出於胡部。復有銀字之名，中管之格，皆前代應律之器也。〔白居易、南園試小樂詩〕高調管色吹銀字。

扼臂：腕釧之類。

校記：

第三句「重」字下缺一字，或爲「纓」「垂」之類，無可校補。

集評：

江尚質曰：花間詞狀物描情，每多意態。直如身履其地。眼見其人。和凝之幾度試香纖手暖，一回嘗酒絳脣光。孫光憲之翠袖半將遮粉臆，寶釵長欲墜香肩是也。古今詞話

宗按：

「試香」「嘗酒」一聯，絕代風華，神采欲活。

末兩句，稍遜，尚能憨而不佻。

河滿子　其一

正是破瓜年紀、含情慣得人饒⊙桃李精神鸚鵡舌、可堪虛度良宵⊙卻愛藍羅裙子、羨他長束纖腰⊙

音釋：

破瓜：〔通俗編、婦女〕俗以女子破身爲破瓜，非也，瓜字破之爲二八字，言其二八十六歲耳。〔孫綽、情人碧玉歌〕碧玉破瓜時，郎爲情顚倒，感君不羞赧，廻身就郎抱。

校記：

首句「紀」字，毛本王本均作「幾」，非。

集評：

却愛藍羅裙子，羡他長束纖腰。爲和詞名句。其源蓋出于張平子定情詩，陶

公閒情賦尚在其後。栩莊漫記

宗按：

要亦人同此心，何必尋原究委？栩莊不免煞風景。

河滿子 其二

寫得魚牋無限、其如花鑠春輝。目斷巫山雲雨、空教殘夢依依。卻愛薰香小鴨、羨他長在屏幃。

音釋：

薰香： 焚香薰衣。〔司馬相如、美人賦〕寢具既設，服玩珍奇，金鑪薰香，黼帳低垂。

小鴨： 以金屬作鴨形鑪，所以熏香。

宗按：

視前首更勝，以全章句意靈動也。

薄命女

天欲曉△宮漏穿花聲繚繞△窗裡星光少△冷露寒侵帳◦額◦、殘月光沈樹◦杪◦△夢斷錦幃空悄悄△強起愁眉小△

音釋：

帳額： 帳檐也。〔盧照隣、長安古意〕生憎帳額繡孤鸞，好取開簾帖雙燕。

強： ㄑㄧㄤˇ，上聲。

集評：

明艷似飛卿，佳詞也。栩莊漫記

宗按：

有「冷露」「殘月」一聯，便覺「窗裡」句成贅文。

望梅花

春草全無消◦息◦△臘雪猶餘蹤◦跡◦△越嶺寒枝香自◦坼◦△冷艷奇芳堪◦惜◦△何◦事◦壽◦陽◦無◦

處。覓。吹入誰家橫笛。

音釋：

壽陽：指壽陽公主。南朝，宋武帝女。人日臥含章殿簷下，梅花飄著其額，成五出之花，因仿之爲梅花妝。〔牛嶠、紅薔薇詩〕若綴壽陽公主額，六宮爭肯學梅妝。

橫笛：漢橫吹曲有梅花落。〔樂府詩集〕梅花落，本笛中曲也。

宗按：

題文一致。首兩句旁筆作勢，三四點，五句轉，六句作結，文氣一貫，奔赴「橫笛」二字，故與泛詠梅花，濫用典實者殊科。

天仙子　其一

柳色披衫金縷鳳。纖手親拈紅豆弄。翠蛾雙斂正含情、桃花洞。瑤臺夢。一片春愁誰與共。

宗按：

本意。

道教於並世諸宗教中，最富詩意，亦最近人情。服食鍊形，固不外生命之追求；然尚有一關，不能打破，亦不求打破，此和學士所謂：「桃花洞，瑤臺夢，一片春愁誰與共」者也。

天仙子　其二

洞口春紅飛簌簌△仙子含愁眉黛綠△阮郎何事不歸來、懶燒金、慵篆玉△流水桃花空斷續△

宗按：

本意。

「流水桃花空斷續」，淒艷迷離，發人遐想。

春光好　其一

紗窗暖、畫屏閑、嚲雲鬟⊙睡起四肢無力半春閒⊙玉指剪裁羅勝、金盤點綴酥山。窺宋深心無限事、小眉彎。

音釋：

嚲：ㄉㄨㄛˇ垂也。〔岑參詩〕朝歌城邊柳嚲地，邯鄲道上花撲人。

羅勝：翦羅爲釆，以飾首也。〔王建、長安早春詩〕暖催衣上縫羅勝，晴報窗中點綵毬。

窺宋：〔宋玉賦〕臣里之美者，莫若臣東家之子，然此女登牆窺臣三年矣，臣未之許也。

校記：

鄭文焯云：力字上脫一字。

宗按：

前結少一字，「無」字下或有「氣」字。

春光好 其二

蘋葉軟、杏花明。畫船輕。雙浴鴛鴦出淥汀。棹歌聲。

春水無風無浪、春天

半雨半晴。紅粉相隨南浦晚、幾含情。

集評：

春水春天二語，寫出春光駘宕之狀。栩莊漫記

宗按：

不費氣力，而自然輕快。

春水一聯，固是佳句，而起筆「軟」、「明」、「輕」三字，亦何等鮮美，有此三句，則「棹歌聲」三字，亦隨之躍動矣。

採桑子

蝤蠐領上訶梨子、繡帶雙垂。椒戶閒時。競學樗蒲賭荔枝。　叢頭鞋子紅編細、裙窣金絲。無事嚬眉。春思翻教阿母疑。

音釋：

蝤蠐：蟲名，棲木中。爲天牛之幼蟲。蝤蠐色白，以喻粉頸。〔詩、衞風碩

人〕領如蝤蠐。

訶梨子：ㄏㄜ ㄌㄧˊ ㄗˇ，〔王筠說文句讀〕帬下裳也。此卽今之雲肩，六朝謂之訶梨子者也。於此恐未確，說詳按語中。

樗蒲：樗音ㄕㄨ，古博戲，擲五木觀其采色以賭勝負，略如今之擲骰子。〔馬融、樗蒲賦〕昔元通先生遊於京都，道德旣備，好此樗蒲。

叢頭：鞋端結絲絨爲毬以飾之。

窣：見前臨江仙注。

校記：

椒戶閑時句，「閑」或作「開」，兩可。

集評：

末句一語翻空出奇。湯顯祖

訶梨子或是領上妝飾。繡帶疑亦是上體之帶，非裙帶也。叢頭二句言下服，蓋前言上服，此言下服，亦較前更細。蒿廬詞話

宗按：

訶梨子非下裳，蒿廬所見極是，以首句明言「領上」也。按訶梨子應爲訶梨勒之實（Chebulae Fructus），訶梨勒樹產印度及嶺南，見本草。四十二章經：「視大千界如一訶子。」卽訶梨勒之實，貫之如珠環，一若菩提子之作爲念珠，婦人懸之領上，卽今之項鍊也。

楊柳枝　其一

軟碧搖烟似送人⊙　映花時把翠蛾顰⊙　青青自是風流主⊙　慢颭金絲待洛神⊙

音釋：

洛神：洛水之神，謂宓妃也。

校記：

映花句，「蛾」或作「眉」，兩可。

楊柳枝　其二

瑟瑟羅裙金縷腰⊙　黛眉偎破未重描⊙　醉來咬損新花子⊙　拽住仙郎儘放嬌⊙

音釋：

花子：〔酉陽雜俎〕今婦人面飾用花子，起自上官氏所製。此句用「咬損」字，壞其面飾，謂吻頰也。若士不解，「但覺其妙。」既不解矣，何妙之有？「說夢」云云，直是「夫子自道」。

校記：

黛眉句，毛本吳本作「限」。

末句「儘」字，毛本王本均作盡。

集評：

醉來咬損新花子，但覺其妙。詩詞中此類極多，如李白兩鬢入秋浦等，若一一索解，幾同說夢。湯顯祖

楊柳枝 其三

鵲橋初就咽銀河⊙今夜仙郎自姓和⊙不是昔年攀桂樹⊙豈能月裡索姮娥⊙

校記：

不是句，「是」或作「自」，非。

集評：

前二首不脫柳枝窠臼，遠不及溫尉之作。此詩則非詠柳枝矣。唐進士及第多冶遊，如北里志所載可考。和詞蓋夫子自道耳。栩莊漫記

宗按：

柳枝皆絕句，例不置評。

漁父

白芷汀寒立鷺鷥。蘋風輕剪浪花時。烟冪冪、日遲遲。香引芙蓉惹釣絲。

集評：

較志和作自遠不逮，而遣詞琢句，清秀絕倫，亦佳構也。白雨齋詞評

宗按：

詞無敗筆，便成佳構。

顧太尉 夐

五十五首

顧夐，字里未詳，仕前蜀刺史，後蜀太尉。

附録：

顧夐，前蜀通正時，以小臣給事內庭。會禿鶖鳥翔摩訶池上，夐作詩刺之，禍幾不測。久之，擢刺史。已而復仕高祖，累官至太尉。夐善小詞，有醉公子曲，爲一時艷稱。尤善詼諧，常于前蜀時見隸武職者，多拳勇之夫，戲造武舉諜以譏之，人以爲滑稽云。十國春秋

集評：

顧夐詞全唐詩五十五首，皆艷詞，濃淡疏密，一歸于艷。五代艷詞之上駟

矣。況周頤

顧敻艷詞，多質樸語，妙在分際恰合，孫光憲便涉俗。同上

顧太尉五代艷詞上駟也。工緻麗密。時復清疏。以艷之神與骨爲清，其艷乃益入神入骨。其體格如宋院畫工筆折枝小幀，非元人設色所及。同上

顧敻詞在牛給事毛司徒之間。王國維

顧詞濃麗，實近溫尉，其荷葉盃諸詞，以質樸之句，寫入骨之情，雖云艷詞，乃爲別調，要之其大體固以飛卿爲宗也。栩莊漫記

虞美人　其一

曉鶯啼破相思夢△　簾捲金泥鳳△　宿妝猶在酒初醒⊙　翠翹慵整倚雲屏⊙　轉娉婷⊙

香檀細畫侵桃臉△　羅袖輕輕斂△　佳期堪恨再難尋⊙　綠蕪滿院柳成陰⊙　負春心⊙

音釋：

醒，ㄒㄧㄥ，平聲。

宗按：

前結用一「轉」字，見慵妝益增嫵媚。

虞美人 其二

觸簾風送景陽鐘⊙鴛被繡花重⊙曉幃初卷冷煙濃⊙翠勻粉黛好儀容⊙思嬌慵⊙

起來無語理朝妝⊙寶匣鏡凝光⊙綠荷相倚滿池塘⊙露清枕簟藕花香⊙恨悠揚⊙

音釋：

思，ㄙ，去聲。

集評：

全詞與陳宮無涉，而嵌入景陽鐘三字，是為堆砌。綠荷之下接以相倚二字，便有情致。于此可悟用字呆活之別。栩莊漫記

宗按：

綠荷二句，未嘗不佳，但「恨悠揚」三字，竟敗情調。此首全用平韻，而前後不同，大損抑揚之致。

虞美人 其三

翠屏閒掩垂珠箔△絲雨籠池閣△露沾紅藕咽清香⊙謝娘嬌極不成狂⊙罷朝妝⊙

小金鸂鶒沈煙細△膩枕堆雲髻△淺眉微斂注檀輕⊙舊歡時有夢魂驚⊙悔多情⊙

音釋：

珠箔：與珠簾同。〔漢武故事〕武帝起神室，以白珠織爲箔。〔李白相逢行〕秀色誰家子，雲車珠箔開。

紅藕：謂荷花。

注檀：以檀粉注面，卽塗黃也。前首「香檀」句義同。

校記：

露沾句，「沾」或作「粘」，作「沾」是。

淺眉微斂句，「注」或作「炷」，誤。

集評：

露沾紅藕，以藕代花，殊嫌生硬。栩莊漫記

宗按：「謝娘」二句，與前文不甚相屬，亦覺突兀。

虞美人　其四

碧梧桐映紗窗晚△花謝鶯聲懶△小屛屈曲掩青山⊙翠幃香粉玉爐寒⊙兩蛾攢⊙
顚狂少年輕離別△辜負春時節△畫羅紅袂有啼痕⊙魂銷無語倚閨門⊙欲黃昏⊙

音釋：攢，ㄗㄨㄢ，平聲，聚也。

校記：「少年」，應作「年少」。

宗按：「花謝鶯聲懶」與牛希濟之「曉禽霜滿樹」，意境不同，工力相敵。

後結三字婉。

虞美人 其五

深閨春色勞思想。恨共春蕪長。黃鸝嬌囀䛏芳妍。杏枝如畫倚輕煙。瑣窗前。
凭欄愁立雙蛾細。柳影斜搖砌。玉郎還是不還家。教人魂夢逐楊花。繞天涯。

音釋：

䛏：ㄋㄧˋ〔升庵詞話〕俗稱柔言索物曰泥，乃計切。諺所謂柔纏也。字又作䛏。

校記：

黃鸝句，「鸝」字一本作「鶯」。

集評：

「恨共春蕪長」佳，顧敻虞美人六首中，此詞較爲流麗。栩莊漫記

宗按：

「恨共」句精鍊。

「詎」字新，亦傳神。

後結三句，一氣呵成，筆勢流轉。「繞天涯」三字，結得自然。

虞美人　其六

少年艷質勝瓊英⊙早晚別三清⊙蓮冠穩稱鈿篦橫⊙飄飄羅袖碧雲輕⊙畫難成⊙遲遲少轉腰身裊△翠靨眉心小△醮壇風急杏花香⊙步時恨不駕鸞凰⊙訪劉郎⊙

校記：

醮壇句，「花」字吳本作「枝」。

集評：

雜出別調，絕非本情，今人作有韻之文，全用散法，而收以韻脚數語，爲本文張本，大都類是。湯顯祖

花間詞不盡舒寫詞調原意，顧敻此詞，乃寫女冠耳。若士以爲不合詞調譏之，未免拘執。惟詞實非佳製。如醮壇風急杏花香一語中，忽用一急字，便

爲粗率是也。栩莊漫記

宗按：

栩莊所論極是。「訪劉郎」三字，從「恨不」二字貫下，遂成一氣。首兩句用平韻，仍覺未善。

河傳 其一

燕颺晴景△小窗屏暖、鴛鴦交頸△菱花掩却翠鬟欹、慵整△海棠簾外影△繡幃香斷金鸂鶒△無消息△心事空相憶△倚東風⊙春正濃⊙愁紅⊙淚痕衣上重⊙

音釋：

重：ㄔㄨㄥˊ，平聲。

校記：

倚東風句，王本無「倚」字，以有爲是。

宗按：

「燕颺晴景」四字生硬，「颺」依常例亦失韻，恐有訛文，譜書以其有此一例，不得不列「又一體」耳。

河傳　其二

曲檻△春晚△碧流紋細、綠楊絲軟△露花鮮⊙杏枝繁⊙鶯囀△野蕪平似剪△直是人間到天上△堪游賞△醉眼疑屏障△對池塘⊙惜韶光⊙斷腸⊙爲花須盡狂⊙

宗按：

「爲花須盡狂」，蓋亦少年人心境，視牛希濟「判死爲紅顏」，含蓄多矣。至和成績柳枝「不是昔年攀桂樹」云云，則令人作三日惡。

河傳　其三

棹舉△舟去△波光渺渺、不知何處△岸花汀草共依依⊙雨微⊙鷓鴣相逐飛⊙

天涯離恨江聲咽△啼猿切△此意向誰說△艤蘭橈⊙獨無憀⊙魂銷⊙小爐香欲焦⊙

校記：

「艤」字王本作「倚」，兩可。

集評：

凡屬河傳題，高華秀美，良不易得，此三調，眞絕唱也。湯顯祖

好起筆，天涯十字，筆力精健。白雨齋詞評

顧太尉河傳云：櫂舉。舟去。波光渺渺，不知何處。岸花汀草共依依。雨微。鷓鴣相逐飛。孫光憲之兩槳不知消息。遠汀時起鸂鶒。確是櫽括顧詞，兩家並饒簡勁之趣，顧尤毫不着力，自然清遠。餐櫻廡詞話

顧夐河傳三首，末闋上半首，不媿簡勁二字。若士概譽之爲絕唱何也。栩莊漫記

宗按：

「棹舉舟去」，並不甚佳，陳亦峯誇爲「好起筆」，殊不可解；「天涯」十字，

亦常人能辦，譽爲「精健」，恐亦未必。僕意此首惟「岸花」三句差勝，上接「波光」，下襯「離恨」，寓情於景，運化自然，讀者初不易覺也。

甘州子　其一

一爐龍麝錦帷芳⊙屏掩映、燭熒煌⊙禁樓刁斗喜初長⊙羅薦繡鴛鴦⊙山枕上、私語口脂香⊙

音釋：

禁樓：宮中之樓也。

刁斗：古行軍用具。晝爲炊器，夜擊以警衆報時。或云小鈴也。

集評：

刁斗，無聊之思。湯顯祖

讀遼后十香詞，則知顧夐甘州子之疏淡也。栩莊漫記

宗按：

漏鐵更鼓，人恨其短，此喜其長，心同語異，便覺鮮倩。不然，陳陳相因，味同嚼蠟。

甘州子　其二

每逢清夜與良晨⊙多悵望、足傷神⊙雲迷水隔意中人⊙寂寞繡羅茵⊙山枕上、幾點淚痕新⊙

宗按：

結句未能出新，便覺少遜。

甘州子　其三

曾如劉阮訪仙蹤⊙深洞客、此時逢⊙綺筵散後繡衾同⊙款曲見韶容⊙山枕上、長是怯晨鐘⊙

集評：

長是怯晨鐘。春宵苦短之意，鷄鳴戒旦之義，則已微矣。栩莊漫記

宗按：

論花間詞，作頭巾語，恐非其倫。果如栩莊所見，此集正當拉雜摧燒之矣。

甘州子　其四

露桃花裏小樓深⊙持玉盞、聽瑤琴⊙醉歸淸瑣入鴛衾⊙月色照衣襟⊙山枕上、翠鈿鎭眉心⊙

宗按：

「翠鈿鎭眉心」乃當日時妝，自今日視之，或不能賞其美矣。

甘州子　其五

紅樓深夜醉調笙⊙敲拍處、玉纖輕⊙小屛古畫岸低平⊙烟月滿閒庭⊙山枕上、鐙背臉波橫⊙

校記：

紅樓句，吳本「樓」作「鑪」。小屏句，「岸」一作「暗」，不辭。

集評：

顧敻才力不富，其句嘗有氣不能舉筆之處，故雖繁縟而不耐回味。其清淡處亦復不能深秀。甘州子第五首云：小屏古畫岸低平。純是才儉湊韻之句。栩莊漫記

宗按：

栩莊所見極是。然起筆三句，差強人意。

玉樓春　其一

月照玉樓春漏促△　颯颯風搖庭砌竹△　夢驚鴛被覺來時、何處管弦聲斷續△　惆悵少年遊冶去△　枕上兩蛾攢細綠△　曉鶯簾外語花枝、背帳猶殘紅蠟燭△

音釋：

遊冶：謂恣情聲色之事。〔李白詩〕岸上誰家遊冶郎。三三五五映垂楊。

校記：

颯颯句，「搖」一作「來」，作「搖」是。

集評：

末句「殘」字作「餘」字解，唐詩類然。芷齋詞餘偶評

宗按：

花間詞涉及兒女情者甚多，什九爲倡條冶葉而作，故辭蕩而情不深。此首則明言游冶，實寫閨怨。

玉樓春　其二

柳映玉樓春日晚△雨細風輕煙草軟△畫堂鸚鵡語雕籠、金粉小屛猶半掩△香滅繡幃人寂寂、倚檻無言愁思遠△恨郎何處縱疎狂、長使含啼眉不展△

宗按：

詞義平平。

此兩首過片句均失韻，終非全璧。

玉樓春　其三

月皎露華窗影細△風送菊香粘繡袂△博山爐冷水沈微、惆悵金閨終日閉△懶展羅衾垂玉淚△羞對菱花簪寶髻△良宵好事枉教休、無計那他狂耍壻△

音釋：

水沈：沈香之別名。沈香入水則沈，故名沈香，亦名沈水香。

那：猶「奈」也。

狂耍：游蕩貪歡之意。

校記：

懶展句，「淚」字各本作「筋」，「筋」字失韻。依鄂本。

宗按：

「狂耍壻」三字，語新而少韻。

「良宵」兩句，頗嫌率露。

玉樓春　其四

拂水雙飛來去燕△曲檻小屏山六扇△春愁凝思結眉心、綠綺懶調紅錦薦△話別情多聲欲顫△玉筯痕留紅粉面△鎮長獨立到黃昏、却怕良宵頻夢見△

音釋：

六扇：六扇之屏風也。屏一幅曰一扇。

思：ㄙˋ，去聲。

綠綺：琴名，漢司馬相如作玉如意賦，梁王賜以綠綺之琴。〔李白遊泰山詩〕獨抱綠綺琴，夜行青山間。

紅錦薦：謂臥琴之錦褥也。

玉筯：淚也。

鎮長：猶經常。

校記：

話別句，「顫」字王本作「戰」，義同。

集評：

別愁無俚，賴夢見以慰相思，而反云却怕良宵頻夢見，是進一層寫法。栩莊漫記

宗按：

一結新。

集中諸作，多寫舊歡新怨，結想不新，久讀而厭矣。

浣溪沙　其一

春色迷人恨正賒⊙可堪蕩子不還家⊙細風輕露著梨花⊙　簾外有情雙燕颺、檻前無力綠楊斜⊙小屏狂夢極天涯⊙

音釋：

颺：一尢、，去聲。

集評：

此闋亦見陽春錄，與河傳訴衷情數闋當爲夐最佳之作矣。王國維

細風輕露著梨花，巧緻可詠。結句振起全闋。栩莊漫記

宗按： 亦止尋常。首句太泛，末句「狂」字，雖曰言「夢」，究與當日閨閣中人口吻不稱。

浣溪沙　其二

紅藕香寒翠渚平⊙月籠虛閣夜蛩清⊙塞鴻驚夢兩牽情⊙　寶帳玉爐殘麝冷、羅衣金縷暗塵生⊙小窗孤燭淚縱橫⊙

校記： 吳本注云：「舊前作天際鴻，枕上夢、兩牽情。後作小窗深，孤燭背，淚縱橫。」若此，則非浣溪沙矣。

宗按： 此首第二句「夜蛩」，與第三句「塞鴻」，均取其鳴聲「驚夢」，一屬征人，一

屬思婦，故以「兩牽情」關合之。二者原屬平列，而參錯出之，融合無痕，正其佳處。若依吳本之注云云，則以「天際鴻」與「枕上夢」平列，語意兩乖，不獨與浣溪沙調不合也。

末句「淚縱橫」二字，兼人與燭而言，妙在兩不分明。若依吳注，則專指人而言，失其情趣矣。

浣溪沙 其三

荷芰風輕簾幕香⊙繡衣鸂鶒泳迴塘⊙小屏閒掩舊瀟湘⊙ 恨入空幃鸞影獨、淚凝雙臉渚蓮光⊙薄情年少悔思量⊙

音釋：

繡衣：謂鸂鶒之采羽如繡衣也。

校記：

末句「悔」字，毛本作「每」。

宗按：

舊瀟湘三字不辭，顯爲趁韻。

「淚凝」句以「渚蓮光」三字狀之，想擬入神。

浣溪沙　其四

惆悵經年別謝娘⊙月窗花院好風光⊙此時相望最情傷⊙　青鳥不來傳錦字、瑤姬何處鎖蘭房⊙忍教魂夢兩茫茫⊙

宗按：

尋常意，尋常語，顧能一氣呵成，自然流動。

浣溪沙　其五

庭菊飄黃玉露濃⊙冷莎隈砌隱鳴蛩⊙何期良夜得相逢⊙　背帳風搖紅蠟滴、惹香暖夢繡衾重⊙覺來枕上怯晨鐘⊙

校記：

「隈」字應作「偎」。

「暖夢」似應作「夢暖」。

集評：

寫夢境極婉轉。栩莊漫記

宗按：

此首寫實境耳，非「寫夢境」也，栩莊誤矣，味兩結當能知之。

浣溪沙　其六

雲澹風高葉亂飛。小庭寒雨綠苔微。深閨人靜掩屏幃。

粉黛暗愁金帶枕、鴛鴦空繞畫羅衣。那堪孤負不思歸。

宗按：

全詞結在第六句，看似尋常，似質直，而語新情摯。

浣溪沙　其七

雁響遙天玉漏清⊙小紗窗外月朧明⊙翠幃金鴨炷香平⊙　何處不歸音信斷、良宵空使夢魂驚⊙簟涼枕冷不勝情⊙

音釋：

勝：ㄕㄥ。

集評：

炷香平其幽靜可想。栩莊漫記

宗按：

第五句「驚」字，自首句「雁」、「漏」二字來，空虛寂寞之情，見於後結。

浣溪沙　其八

露白蟾明又到秋⊙佳期幽會兩悠悠⊙夢牽情役幾時休⊙　記得泥人微斂黛、無言斜倚小書樓⊙暗思前事不勝愁⊙

音釋：

勝：ㄕㄥ。

校記：

「泥」王本作「泥」，義同。

集評：

此公管調，動必數章。雖中間鋪敍成文，不如人之字雕句琢，而了無窮措大酸氣。卽使瑜瑕不掩，自是大家。湯顯祖

宗按：

「斂黛」「詎人」，宜嗔宜笑，意態生動，其餘各句則尋常語耳。

酒泉子　其一

楊柳舞風⊙輕惹香烟殘雨△杏花愁、鶯正語△畫樓東⊙　錦屏寂寞思無窮⊙還是不知消息△鏡塵生、珠淚滴△損儀容⊙

音釋：

思：ㄙˋ，去聲。

校記：

珠淚句，王本作淚珠滴，非。

集評：

顧敻酒泉子七首意少詞多，似溫飛卿。栩莊漫記

宗按：

「儀容」二字似腐，著一「損」字，轉新。

酒泉子　其二

羅帶縷金⊙蘭麝煙凝魂斷△畫屏欹、雲鬢亂△恨難任⊙　幾迴垂淚滴鴛衾⊙薄情何處去△月臨窗、花滿樹△信沈沈⊙

音釋：

任：ㄖㄣˊ，平聲。

校記：

薄情以下，景宋本作「薄情何處去登臨，窗花滿樹信沈沈。」全非酒泉子風調，窗花句亦不辭，必誤。月臨窗句，毛本小注：「月」一作「燈」，不僅平仄不調，亦不成語矣。〔沈佺期詩〕山月臨窗近。作「月」是。

宗按：

結尾三句，雖亦尋常，尚饒意境。「何處去」，語意已足，故結以「信沈沈」三字，若謂「何處去登臨」，則大可笑。既不知其去「何處」，又何能必其爲「登臨」耶？只因「月臨窗」句，印本缺斷，而「臨」字適與「衾」「沈」同韻，妄人隨意增入「登」字爲句耳。

酒泉子　其三

小檻日斜、風度綠窗人悄悄△翠幃閒掩舞雙鸞⊙舊香寒⊙　別來情緒轉難判⊙韶顏看却老△依稀粉上有啼痕⊙暗銷魂⊙

音釋：

判：ㄆㄢ，同拚，忍也。

看：ㄎㄢ，平聲。

校記：

別來句，「判」一作拚，義同。

宗按：

略無新意。「別來」句「轉」字，尤悖。

酒泉子　其四

黛薄紅深⊙約掠綠鬟雲膩△小鴛鴦、金翡翠△稱人心⊙　錦鱗無處傳幽意△海燕蘭堂春又去△隔年書、千點淚△恨難任⊙

音釋：

稱：ㄔㄥˋ，去聲。

任：ㄖㄣˊ，平聲。
去：ㄑㄧˋ，借叶。

宗按：

兩結各三句，一喜一恨，小有可取，但對照點明，遂無餘味。

酒泉子 其五

掩却菱花、收拾翠鈿休上面△ 金蟲玉燕△ 鎖香奩⊙ 恨厭厭⊙ 雲鬟半墜懶重簪⊙ 淚侵山枕濕、銀燈背帳夢方酣⊙ 雁飛南⊙

音釋：

鈿：ㄊㄧㄢˊ。
厭：ㄧㄢ，平聲。

宗按：

首兩句不起韻，「濕」字亦不叶。終覺不足。玆於「燕」字分句，以叶「面」字，亦嫌勉強。酒泉子體式甚繁。以其韻叶參錯，字數亦不齊一，時有出入耳。

酒泉子　其六

水碧風清、入檻細香紅藕膩△謝娘斂翠△恨無涯⊙小屏斜⊙　堪憎蕩子不還家⊙謾留羅帶結△帳深枕膩炷沈煙⊙負當年⊙

音釋：

結：ㄐㄧˋ，讀如髻，借叶。

集評：

翠眉但言翠，此僅見。況周頤

宗按：

以「結」讀「髻」，叶「膩」，與第四首以「去」讀「氣」叶「膩」；又此首兩用「膩」字，若無訛文，均是敗筆。

酒泉子 其七

黛怨紅羞⊙掩映畫堂春欲暮△殘花微雨△隔青樓⊙思悠悠⊙　芳菲時節看將度△寂寞無人還獨語△畫羅襦、香粉汚△不勝愁⊙

音釋：

思：ㄙˋ，去聲。
看：ㄎㄢ，平聲。
汚：ㄨˋ，去聲。
勝：ㄕㄥ，平聲。

集評：

塡詞平仄斷句皆定數。而詞人語意所到，時有參差。古詩亦有此法，而詞中尤多。卽此詞中字之多少，句之長短便不一。豈專恃歌者上下縱橫取協耶？此本無關大數，然亦不可不知，故爲拈出。白雨齋詞評

宗按：

初期小令，體式變化，往往繁甚。如河傳，酒泉子、訴衷情之類，語句參差，不易董理。然每調各有其調風，別具面目，如河傳之不得混爲酒泉子，酒泉子之不得誤爲訴衷情，其理在此。故句式小有異同，原無不可，但不得損及調風。調風一損，韻味卽損，其尤甚者，則面目全非矣，不可不知。白雨齋謂爲無關大數，非篤論也。

楊柳枝

秋夜香閨思寂寥⊙漏迢迢⊙鴛幃羅幌麝烟銷⊙燭光搖⊙　正憶玉郎遊蕩去△無尋處△更聞簾外雨蕭蕭⊙滴芭蕉⊙

音釋：

思：ㄙˋ，去聲。

集評：

悽涼情況，卽香山「暮雨瀟瀟郎不歸」意也。白雨齋詞評

宗按：

三字四句，可有可無。「滴芭蕉」三字，從「雨」字引出，尚有意致。「無尋處」三字，補足「去」字，便覺無味。

香山「來如春夢不多時，去似秋雲無覓處」，「無覓處」三字與此「無尋處」三字，大有仙凡之別。

遐方怨

簾影細、簟紋平⊙象紗籠玉指、縷金羅扇輕⊙嫩紅雙臉似花明⊙兩條眉黛遠山橫⊙鳳簫歇、鏡塵生⊙遼塞音書絕⊙夢魂長暗驚⊙玉郎經歲負娉婷⊙教人爭不恨無情⊙

音釋：

鳳簫：今曰排簫。以其管參差如鳳翼。故稱鳳簫。

集評：

鋪飾麗字，羌無情致。栩莊漫記

宗按：

正所謂語多意少者。
「鳳簫」，似應作「簫鳳」，無據，姑爲拈出。

獻衷心

繡鴛鴦帳暖、畫孔雀屏欹⊙人悄悄、月明時⊙想昔年歡笑、恨今日分離⊙銀釭背、銅漏永、阻佳期⊙　小爐烟細、虛閣簾垂⊙幾多心事、暗地思惟⊙被嬌娥牽役、魂夢如癡⊙金閨裏、山枕上、始應知⊙

音釋：

銀釭：銀燈也。

應：一ㄥ，平聲。

校記：

暗地句，花草粹編無「地」字。

集評：

以下三詞，頗無佳句，但開曲藻濫觴耳。昔人謂詩情不似曲情多，末流之弊，唐人先已作俑。湯顯祖

顧夐獻衷心繡鴛鴦帳暖，畫孔雀屏欹。此詞中折腰句法也。今詞譜並斷爲句，非。雨村詞話

宗按：

似此之作，湯評謂曲藻濫觴。實則初期之詞，正是此等。迨文人染指，境界始漸次提高耳。試讀雲謠曲子，與此臭味正同。

應天長

瑟瑟羅裙金線縷△輕透鵝黃香畫袴△垂交帶、盤鸚鵡△裊翠翹、移玉步△背人勻檀注△慢轉橫波偷覷△斂黛春情暗許△倚屏慵不語△

音釋：

覷：窺也。

宗按：

雖無深意，情態亦復可人。

「斂黛」字與酒泉子第六首「斂翠」同，以色代物，如題紅拾翠之類耳。

訴衷情　其一

香滅簾垂春漏永、整鴛衾⊙羅帶重△雙鳳△縷黃金⊙窗外月光臨⊙沈沈⊙斷腸無處尋⊙負春心⊙

宗按：

全詞骨肉亭匀，音節閑雅。

詞至「斷腸無處尋」，文氣可止，但綴以「負春心」三字，嫋嫋餘音，初非贅響。「斷腸」二字，於文理有虧。

酒泉子第二首，有「月臨窗」句，一本「月」字作「燈」，試想以「燈」「臨窗」，直是更夫巡夜，是何景色！觀此詞第六句，益證「燈」字之謬矣。

訴衷情　其二

永夜拋人何處去、絕來音⊙香閣掩△眉斂△月將沈⊙爭忍不相尋⊙怨孤衾△換我心爲你心。始知相憶深。

音釋：

爭：猶怎也。

尋：猶思也。

集評：

元人小曲，往往脫胎于此。白雨齋詞評

要到換心田地，換與他也未必好。湯顯祖

顧太尉「換我心爲你心，始知相憶深」。自是透骨情語。徐山民「妾心移得在君心，方知人恨深」，全襲此，然已爲柳七一派濫觴。花草蒙拾

宗按：

夾敘夾議，一片渾成。

換心二語，過來人均有同感，但作者爲道出第一人，所以可貴。

元人小曲，精采處往往類此。亦峯之說，頗具眼力。然謂必于此脫胎，則又書生

陋見。

湯顯祖作深一層想，論情尚可，論文則非。

荷葉盃 其一

春盡小庭花落△寂寞△凭檻斂雙眉⊙忍教成病憶佳期⊙知摩知⊙知摩知⊙

音釋：

教：ㄐㄧㄠ。

摩：ㄇㄛˇ，義同「麼」。

宗按：

同調九首，重在結句動詞，故全文均以末一字爲中心。如矢赴的，否則便成浮泛。如此首「春盡」、「寂寞」、「斂眉」、「成病」諸語，無非片面相思之苦，故以「知摩知」一問作結，斯爲中鵠。

荷葉盃 其二

歌發誰家筵上△寥亮△別恨正悠悠⊙蘭釭背帳月當樓⊙愁摩愁⊙愁摩愁⊙

宗按：

此首以「愁」字爲結，但首句却從「歌發誰家筵上」起筆，正以歡合引入悲離，反襯鮮明，加深「愁」字程度。

荷葉盃　其三

弱柳好花盡拆△晴陌△陌上少年郎⊙滿身蘭麝撲人香⊙狂摩狂⊙狂摩狂⊙

宗按：

紈絝少年，油頭粉面，「狂」態可掬。全文一氣，似直率而饒餘味。「滿身」句，視「指點銀絣索酒嘗」者，尤爲佻薄，若無「狂」字作結，便是膚淺。

荷葉盃　其四

記得那時相見，膽顫，鬢亂四肢柔。泥人無語不擡頭。羞麼羞。羞麼羞。

音釋：

泥：ㄋㄧˋ。

校記：

膽顫句，王本「顫」字作「戰」，義同。

集評：

好形容。湯顯祖

柔字入木三分。栩莊漫記

宗按：

艷詞。

前四句均爲「羞」字作勢，至「不擡頭」三字，已到極處，最後「羞」字自然迸射而出。

荷葉盃　其五

夜久歌聲怨咽△殘月△菊冷露微微⊙看看濕透縷金衣⊙歸摩歸⊙歸摩歸⊙

音釋：

咽：一ㄝˋ，去聲。

看：ㄎㄢ，平聲。

宗按：

「歸」字又佳。夜久、月殘、露微、衣透，追歡至於忘返，應歸而竟未歸。結句一問，以見期候之殷。

荷葉盃　其六

我憶君詩最苦△知否△字字盡關心⊙紅牋寫寄表情深⊙吟摩吟⊙吟摩吟⊙

音釋：

否：ㄈㄡˇ。

宗按：

前文亦皆爲一結引敍，「知否」二字，亦一問語，盼其吟味詩中之苦憶深情也。然「吟」字稍欠，竟無他字可代。

荷葉盃　其七

金鴨香濃鴛被△枕膩△小髻簇花鈿⊙腰如細柳臉如蓮⊙憐摩憐⊙憐摩憐⊙

音釋：

憐：愛也。

宗按：

前文鋪敍，於「憐」字容有未盡。

荷葉盃　其八

曲砌蝶飛煙暖△ 春半△ 花發柳垂條⊙ 花如雙臉柳如腰⊙ 嬌摩嬌⊙ 嬌摩嬌⊙

宗按：

前文暢達，但與前首結尾可以互換，是以少遜。

荷葉盃　其九

一去又乖期信△ 春盡△ 滿院長莓苔⊙ 手挼裙帶獨徘徊⊙ 來摩來⊙ 來摩來⊙

音釋：

挼：音ㄋㄛˊ或ㄖㄨㄛˊ，兩手相切摩也。

集評：

手挼裙帶，盡得嬌癡。湯顯祖

顧敻以艷詞擅長，有濃有淡，均極形容之妙。其淋漓眞率處，前無古人，如荷葉盃九首，已爲後代曲中一半兒張本。栩莊漫記

宗按：

此首句句爲「來」字着筆。「乖期信」，應來而未來也。「春盡」，縱來亦何晚也。「長莓苔」，待來竟不來也。「獨徘徊」，未來而苦待其來也。如此以「來」字作結，遂無虛筆。

湯評「畫得嬌癡」，隔靴搔痒。

漁歌子

曉風清、幽沼綠△倚欄凝望珍禽浴△畫簾垂、翠屏曲△滿袖荷香馥郁△　好攄懷、堪寓目△身閒心靜平生足△酒盃深、光景促△名利無心較逐△

校記：

光景句，「景」或作「影」，義同。

集評：

身閒心靜，自不較逐名利矣。詞有汲汲顧景之感。栩莊漫記

宗按：

漁歌子此體殊不佳，佳作亦罕見。心中猶有功名在，枉道江湖作釣翁，栩莊得之矣。

臨江仙　其一

碧染長空池似鏡、倚樓閒望凝情⊙滿衣紅藕細香淸△象牀珍簟、山障掩、玉琴橫⊙　暗想昔時歡笑事、如今贏得愁生⊙博山爐暖澹煙輕⊙蟬吟人靜、殘日傍、小窗明⊙

音釋：

傍：ㄅㄤˋ。

集評：

下闋與今日鬢絲禪榻畔，茶烟輕颺落花風，一般怊悵。栩莊漫記

宗按：

後結淸幽，頗出花閒窠臼。

臨江仙　其二

幽閨小檻春光晚、柳濃花澹鶯稀。舊歡思想尙依依。翠嚬紅歛、終日損芳菲。
何事狂夫音信斷、不如梁燕猶歸。畫堂深處麝煙微。屛虛枕冷、風細雨霏霏。

集評：

設色蒨麗，意亦微婉。栩莊漫記

宗按：

兩結婉。

「思想」二字拙。

後起直率。

臨江仙　其三

月色穿簾風入竹、倚屛雙黛愁時。砌花含露兩三枝。如啼恨臉、魂斷損容儀。
香燼暗銷金鴨冷、可堪辜負前期。繡襦不整鬢鬟欹。幾多惆悵、情緒在天涯。

音釋：

涯：ㄧˊ。

集評：

此闋過于率露，不及前作多矣。栩莊漫記

宗按：

常語乏味。

醉公子 其一

漠漠秋雲澹△紅藕香侵檻△枕倚小山屏⊙金鋪向晚扃⊙　睡起橫波慢△獨望情何限△衰柳數聲蟬⊙魂銷似去年⊙

音釋：

金鋪：著門上用以銜環者，見前注。

扃：ㄐㄩㄥ，閉也。

集評：

字字嗚咽。白雨齋詞評

衰柳數聲蟬，消魂似去年，顧太尉醉公子詞句也，陳聲伯愛之，擬衍一絕云：擁被忽聽門外雨，山中又作去年秋。兩俱脫化。古今詞話

衰柳二句，語淡而味永，韻遠而神傷。栩莊漫記

宗按：

後結感深而語雋。

醉公子　其二

岸柳垂金線，雨晴鶯百囀。家住綠楊邊，往來多少年。　馬嘶芳草遠，高樓簾半捲。斂袖翠娥攢，相逢爾許難。

音釋：

少：ㄕㄠˋ。

攢：ㄗㄨㄢ。

爾許：爾，此也。許，助辭。爾許猶云「如此」，「這末」。

集評：

較後主奴爲出來難，教君恣意憐，稍遜一着，而情致亦復不泛。白雨齋詞平

覺少游小樓連苑橫空，無此神韻也。蒿廬詞話

極古拙，極高淡，非五代不能有此詞境。鄭文焯

宗按：

兩起高華，花間本色；兩結質朴，古詩遺韻。

更漏子

舊歡娛、新悵望△擁鼻含嚬樓上△濃柳翠、晚霞微⊙江鷗接翼飛⊙　簾半捲△屏斜掩△遠岫參差迷眼△歌滿耳、酒盈樽⊙前非不要論⊙

音釋：

擁鼻：掩鼻也，心酸欲涕，故擁鼻。

參差：ㄘㄣㄘ。

論：ㄌㄨㄣˊ。

集評：

「歌滿耳，酒盈樽，前非不要論」，所謂「今我不樂，日月其除」者也。五代十國亂靡有定，割據一方之主，尚有振拔有爲者；其學士大臣亦復流連光景，極意闉幃，故花間集中不少頹廢自放之詞，于顧氏又何怪焉。栩莊漫記

宗按：

結語横決，亦太質率。

孫少監 光憲 六十一首

孫光憲，字孟文。貴平人，唐陵州判官。仕荆南，官至御史中丞。入宋爲黃州刺史，著有荆臺、筆傭、橘齋、鞏湖諸集，北夢瑣言一卷。

附錄：

孫光憲字孟文。貴平人。家世業農。至光獨讀書好學。唐時爲陵州刺史，有聲。天成初，避地江陵，武信王奄有荆土，招致四方之士，用梁震薦入掌書記。王方大治戰艦，欲與楚角。光憲諫曰，荆南亂離之後，賴公休息，士民始有生意。若又交惡於楚，一旦他國乘吾弊，良足憂也。王乃止。文獻王立，會梁震乞休，悉以政事委光憲。王居恆羨馬氏豪靡，謂僚佐曰，如馬王，可謂大丈夫矣。光憲曰，天子諸侯，禮有等差，彼乳臭子徒驕侈僭汰，取快一時，危亡無日矣，又何慕乎。王忽悟曰，公言是也。爲悔謝久之。光憲事南平三世，皆處幕中。累官荆南節度副使，朝議郎，檢校秘書少監，試御史中丞，賜紫金魚袋。繼沖時，宋使慕容延釗等征湖南假道于荆，約兵過城外，大將李景威勸繼沖嚴兵備之。光憲叱之曰，汝峽江一民耳，安識成敗。中國自周世宗時已有混一天下之志，況聖宋受命，眞主興耶。王師未易當也。因教繼沖去斥堠，封府庫以待，悉獻三州之地。宋太祖嘉其功，授光憲黃州刺史，賜賚加等。在郡亦稱治。乾德末卒。光憲博物稽古。先是唐元和中裴宙鎮荆州，掘地得一石，規模悉倣江陵城制。令徙至他所，輒淫雨不止，仍復舊處天乃霽。一日文獻王經其地。顧問光憲。光憲曰，昔伯禹治水至荆，定彼泉源之穴，慮萬世下或有汎濫，爰以石屋鎮之耳。王大加歎賞，益重之。性嗜經籍，聚書凡數千卷。或自鈔寫，孜孜校讎，老而不廢。自號葆光子。所著有荆臺集，橘齋集，筆傭集，鞏湖集，北夢瑣言，蠶書若干卷。又撰續通曆，紀事頗失實，太平興國初詔毁之。光憲素以文學自負。處荆南頗怏怏不得志。嘗慕史氏之作，頗恨居諸幕下，不足以展其才力。每謂知交曰，寧知獲麟之筆；反爲倚馬之用。光憲又雅善小詞。蜀人輯花間集。釆其詞至六十餘篇。十國春秋

集評：

孫孟文詞氣過甚遒。措辭亦多警鍊。然不及溫韋處亦在此，坐少閒逸之致。白雨齋詞評

一庭疏雨善言愁，倩筆荊臺耐薄游。最是相思忘不得，春衫如雪去揚州。周之琦

葆光子詞婉約精麗處，神似韋莊。其浣溪沙最有名，孫洙評謂其絕無含蓄而自然入妙。如半恨半嗔迴面處，和嬌和淚泥人時。萬般饒得爲憐伊。又醉後愛稱嬌姐姐，夜來留得好哥哥。不知情事久長麼。又將見客時微掩斂，得人憐處且生疏。低頭羞問壁邊書。皆足當之無愧。而一庭疏雨濕春愁。片帆煙際閃孤光。墮階縈蘚舞愁紅。留不得，留得也應無益。白紵春衫如雪色，揚州初去日諸句，含思綿渺，使人讀之徒喚奈何。栩莊漫記

浣溪沙　其一

蓼岸風多橘柚香。江邊一望楚天長。片帆煙際閃孤光。

目送征鴻飛杳杳、思隨流水去茫茫。蘭紅波碧憶瀟湘。

音釋：

蓼：ㄌㄧㄠˇ，植物名，蓼科，一年生草本，種類不一，或生水中，或生原野。

集評：

片帆七字壓徧古今詞人。白雨齋詞評

閃孤光三字警絕，無一字不秀鍊，絕唱也。仝上

昔王玉林賞孫氏「一庭花雨濕春愁」爲古今佳句，余以爲不若「片帆煙際閃孤光」尤有境界也。王國維

片帆句妙矣，蘭紅波碧四字，惟瀟湘足以當之，他處移用不得，可謂善于設色。栩莊漫記

宗按：

首尾兩句，皆以字面切定瀟湘，美矣，而實未至也。

片帆句，與畫理暗合，遂爲世傳誦如是。

浣溪沙 其二

桃杏風香簾幕閑⊙謝家門戶約花關⊙畫梁雙語燕初還⊙繡閣數行題了壁、曉屏一枕酒醒山⊙却疑身在夢魂間⊙

音釋：

關：門也。

了：ㄌㄧㄠˇ。

醒：ㄒㄧㄥ。

校記：

畫梁句，「雙語」，各本作「幽語」，吳本小注作：「幽語一本作雙語」，作「雙語」勝。

宗按：

曉屏句「山」字，韻險而語不工。

浣溪沙 其三

花漸凋疎不耐風。畫簾垂地晚堂空。墮堦縈蘚舞愁紅。　膩粉半粘金靨子、殘香猶暖繡熏籠。蕙心無處與人同。

集評：

蕙心無處與人同，非深于情者不能道。栩莊漫記

宗按：

「蕙心無處與人同」，未嘗非佳句；惜前文無一處與人「異」者，故不見精采。

浣溪沙 其四

攬鏡無言淚欲流。凝情半日嬾梳頭。一庭疏雨濕春愁。　楊柳祇知傷怨別、杏花應信損嬌羞。淚沾魂斷軫離憂。

音釋：

軫：ㄓㄣˇ，痛也。〔楚辭、九章、哀郢〕出國門而軫懷兮。

集評：

不耐風，濕春愁，皆集中創語。湯顯祖

宗按：

「一庭疏雨溼春愁」，令詞佳句，然「淚沾魂斷軫離憂」句，不獨膚泛，亦不當入詞。又愁、傷、怨、軫、憂齊用，淚字兩見，皆大病。

浣溪沙 其五

半踏長裾宛約行。晚簾疏處見分明。此時堪恨昧平生。早是銷魂殘燭影、更愁聞着品絃聲。杳無消息若爲情。

集評：

相少情多，纏綿乃爾。栩莊漫記

宗按：

霧裡看花，竟費許多筆墨？正以朦朧故滋遐想耳。

浣溪沙 其六

蘭沐初休曲檻前。暖風遲日洗頭天。溼雲新斂未梳蟬。　翠袂半將遮粉臆、寶釵長欲墮香肩。此時模樣不禁憐。

音釋：

溼雲：謂新沐之髮也。

蟬：蟬鬢也。

臆：胸也。

集評：

情態可想，風流窈窕，我見猶憐。白雨齋詞評

不禁憐三字眞乃嬌絕，飛燕玉環，無此情態，眞欲與麗娟並驅矣。仝上

翠袂半遮，寶釵欲墜，形容蘭沐初休之嬌態。詞筆細膩，想亦忍俊不禁矣。栩莊漫記

宗按：

一幅美人新沐圖。

翠袂寶釵，筆姿細膩，使結句別開一境，不作輕便語，當更有深致。白雨齋極賞「不禁憐」三字，所見尚淺。

「洗頭天」三字新。

浣溪沙　其七

風遞殘香出繡簾⊙團窠金鳳舞襜襜⊙落花微雨恨相兼⊙　何處去來狂太甚、空推宿酒睡無厭⊙爭教人不別猜嫌⊙

音釋：

襜襜：ㄔㄢ，動搖貌。〔楚辭、劉向、九歎、逢紛〕裳襜襜而含風兮。

厭：一ㄢ，平聲。

教：ㄐ一ㄠ，平聲。

宗按：

一醉一醒，一狂一謹，故結語云云。

「遞」字新。

浣溪沙　其八

輕打銀箏墜燕泥。斷絲高罥畫樓西。花冠閒上午牆啼。　粉籜半開新竹逕、紅苞盡落舊桃蹊。不堪終日閉深閨。

音釋：

罥：挂也。〔鮑照蕪城賦〕荒葛罥塗。

花冠：謂雄雞。

粉籜：籜ㄊㄨㄛˋ，筍衣也。〔李商隱自喜詩〕綠筠遺粉籜，紅蕖綻香苞。

桃蹊：蹊，徑也。〔史記李廣傳〕：桃李無言，下自成蹊。

宗按：

結句雖泛，尚有含蓄，得前五句描染風光，為之襯托，遂成全璧。

浣溪沙　其九

烏帽斜欹倒佩魚。靜街偷步訪仙居。隔牆應認打門初。　將見客時微掩斂、得人憐處且生疎。低頭羞問壁邊書。

音釋：

佩魚：唐時官之章服。凡五品以上制魚以爲佩飾，分金、銀、銅等質，所以爲出入符信也。此言「倒佩」，謂微行也。

集評：

迤邐寫來，描寫女兒心性，情態無不逼眞。白雨齋詞評

宗按：

游冶之作，亦見承平光景。「打門初」之「初」字，似輕而實重，與下文三句均有關涉也。「將見」一聯，描寫入神。

河傳 其一

太平天子△等閑遊戲△疏河千里△柳如絲、隈倚△綠波春水△長淮風不起△

如花殿脚三千女△爭雲雨△何處留人住△錦帆風⊙煙際紅⊙燒空⊙魂迷大業中⊙

音釋：

太平天子：謂隋煬帝。

殿脚女：見韋莊河傳一注

大業：隋煬帝年號

校記：

隈應作偎。

柳如絲句，花草粹編柳上有堤字。

集評：

詞寫煬帝開河南游事，妙在燒空二字一轉，使上文花團錦簇，頓形消滅，此

法蓋出自太白越王句踐破吳歸一詩。栩莊漫記

宗按：

起筆三句，看似敘事，其中正有斧鉞。「長淮風不起」，大筆淋漓。後段一氣貫注，繁絃促節中，勁氣內轉。「燒空」二字，栩莊評極是。「魂迷」二字，「迷」字出迷樓記，加一「魂」字，意存諷刺。此細微處，正不易察。

河傳 其二

柳拖金縷△着煙籠霧△濛濛落絮△鳳皇舟上楚女△妙舞△雷喧波上鼓△龍爭虎戰分中土△人無主△桃葉江南渡△襞花牋⊙艷思牽⊙成篇⊙宮娥相與傳⊙

宗按：

前半紀宸游，而以「雷喧波上鼓」作結，亦荒唐，亦氣派。後起以「龍爭虎戰」

過片，氣脈不斷，與長恨歌中之「漁陽鼙鼓動地來，驚破霓裳羽衣曲」，同爲國家興衰關鍵，亦行文敍次轉折之樞紐也。

河傳 其三

花落△烟薄△謝家池閣△寂寞春深⊙翠蛾輕斂意沈吟⊙沾襟⊙無人知此心⊙

玉鑪香斷霜灰冷△簾鋪影△梁燕歸紅杏△晚來天⊙空悄然⊙孤眠⊙枕檀雲髻偏⊙

宗按：

與溫尉同其工麗，同恨其辭肥義瘠耳。

河傳 其四

風颭△波斂△團荷閃閃△珠傾露點△木蘭舟上、何處吳娃越艷△藕花紅照臉△

大堤狂殺襄陽客△煙波隔△渺渺湖光白△身已歸⊙心不歸⊙斜暉⊙遠汀鸂鶒飛⊙

音釋：

大堤：樂府西曲歌名，出自襄陽樂。梁簡文帝雍州十曲有大堤一曲。

集評：

身已歸，心不歸，情至語不嫌其直率。栩莊漫記

宗按：

「身已歸、心不歸」，與韋相追憶江南之作，同其傷感。二語在此詞中，足使全文靈動，正其精警處，不獨「不嫌直率」也。前段寫蓮舟越艷，費語太多，未免可惜。若所見僅止於是，則「心不歸」三字，不亦大重？

菩薩蠻　其一

月華如水籠香砌△金鐶碎撼門初閉△寒影墮高簷⊙鉤垂一面簾⊙碧煙輕裊裊△紅顫燈花笑△即此是高唐⊙掩屏秋夢長⊙

音釋：

高唐：楚之臺觀名，在雲夢澤中。〔文選、宋玉、高唐賦序〕昔者楚襄王與

宋玉游於雲夢之臺，望高唐之觀。

校記：

紅顫句，王本「顫」字作「戰」，義同。

集評：

顫笑字新。雨村詞話

宗按：

後半艷矣而尚能蘊藉。

菩薩蠻 其二

花冠頻鼓墻頭翼△東方澹白連窗色△門外早鶯聲⊙背樓殘月明⊙　薄寒籠醉態△

依舊鉛華在△握手送人歸⊙半拖金縷衣⊙

音釋：

鉛華：謂脂粉。〔洛神賦〕芳澤無加，鉛華不御。

集評：

情事歷歷如繪。 栩莊漫記

宗按：

結語寫眞而未必盡美。

菩薩蠻 其三

小庭花落無人掃△疏香滿地東風老△春晚信沈沈⊙天涯何處尋⊙ 曉堂屏六扇△

眉共湘山遠△爭奈別離心⊙近來尤不禁⊙

音釋：

爭奈：俗語，猶言怎奈、無奈。〔白居易、琵琶詩〕賴是心無惆悵事，不然爭奈子絃聲。

宗按：

兩結寫情，未嘗深至。「近來」字亦只尋常，如溫庭筠「近來心更切」，牛嶠「近來情轉深」，皆字面有轉折，含意無層深。

菩薩蠻　其四

青巖碧洞經朝雨△隔花相喚南溪去△一隻木蘭船⊙波平遠浸天⊙　扣舷驚翡翠△嫩玉擡香臂△紅日欲沈西⊙烟中遙解攜⊙

音釋：

隻：入聲。

解攜：〔陸機詩〕：撫膺解攜手。謂分手也。

校記：

扣舷句，「舷」字王本作「舡」，第三句已有「船」字，「扣舷」語出楚辭漁父，作「扣舷」是。

煙中句，「攜」一作「觿」，作「攜」是。

宗按：

畫面不惡。「烟中」句，艷冶中兼具淒迷之致。

菩薩蠻　其五

木棉花映叢祠小△越禽聲裏春光曉△銅鼓與蠻歌⊙南人祈賽多⊙　客帆風正急△茜袖偎檣立△極浦幾回頭⊙烟波無限愁⊙

音釋：

茜袖：茜音ㄑㄧㄢˋ，赤黃色。〔李商隱贈汝陽王孫家箏妓詩〕茜袖捧瓊姿。皓日丹霞起。

校記：

「檣」字王本作「墻」，非。「偎」字作「隈」。

集評：

南國風光，躍然紙上。栩莊漫記

宗按：

「茜袖偎檣立」，如在目前；「烟波無限愁」，亦饒遠韻。

河瀆神　其一

汾水碧依依。黃雲落葉初飛。翠華一去不言歸。廟門空掩斜暉。　四壁陰森排古畫。依舊瓊輪羽駕。小殿沈沈淸夜。銀燈飄落香灺。

音釋：

汾水：水名，亦曰汾河。源出山西省寧武縣西南管涔山，至河津縣西南注黃河。

翠華：以翠羽爲旗飾也，帝后所用者。〔杜甫、北征行〕都人望翠華，佳氣向金闕。

夜：讀一ㄚˋ。

灺：ㄒ一ㄝˋ，古讀ㄒ一ㄚˋ，燭餘也，〔李商隱詩〕香灺燈光奈爾何。

校記：

翠華句，王本「華」字作「蛾」，毛本作「娥」，均非。

集評：

嫋嫋兮秋風，洞庭波兮木葉下。起筆彷彿似之。白雨齋詞評

宗按：

起筆高爽，「廟門」句逗入下文，一片幽森，九歌山鬼之流亞也。

河瀆神　其二

江上草芊芊。春晚湘妃廟前。一方卵色楚南天。數行征雁聯翩。獨倚朱欄情不極。魂斷終朝相憶。兩槳不知消息。遠汀時起鸂鶒。

音釋：

芊芊：草盛也。茂也。

湘妃：謂舜之二妃娥皇、女英也。舜崩於蒼梧，二妃投湘水死，是爲湘水之神。

卵色天：〔殷增詩〕輕搖卵色天。謂天作蛋青色也。

校記：

吳本卵字下注「作夘，夘古柳字，作泖，泖水名。」作卵是。

宗按：

前半尚佳，後幅不稱，視「汾水」一章，大有遜色。

虞美人　其一

紅窗寂寂無人語△　暗澹梨花雨△　繡羅紋地粉新描⊙　博山香炷旋抽條⊙　暗魂銷⊙

天涯一去無消息△　終日長相憶△　教人相憶幾時休⊙　不堪棖觸別離愁⊙　淚還流⊙

音釋：

旋：ㄒㄩㄢˋ，去聲。

校記：

暗魂銷句，「暗」字毛本王本都作「睡」，非。教人句，「敎」字毛本王本均作「交」，義同。

宗按：後半陳腔濫調，眞成辭費。

虞美人 其二

好風微揭簾旌起△金翼鸞相倚△翠簷愁聽乳禽聲⊙此時春態暗關情⊙獨難平⊙

畫堂流水空相翳△一穗香搖曳△教人無處寄相思⊙落花芳草過前期⊙沒人知⊙

音釋：

乳禽：謂燕也。

翳：蔽也。〔楚辭、劉向、九歎、遠逝〕石嵾嵯以翳日。

校記：

一穗句，「搖」字吳本作「遙」，誤。

教人句，「教」字毛本王本均作「交」，義同。

集評：

益州方物圖贊，「虞」作「娛」，集中諸調，都不及虞姬事，想以此故。湯顯祖

宗按：

「翠簷」三句，未免過火。「翳」字生硬，不當如是趁韻。

湯顯祖屢言虞美人當詠虞姬，一孔之見，剌剌不休。

後庭花　其一

景陽鐘動宮鶯囀△露涼金殿△輕飆吹起瓊花綻△玉葉如翦△　晚來高閣上、珠簾捲△見墜香千片△修蛾曼臉陪雕輦△後庭新宴△

音釋：

瓊花：稀有植物名之名，形態與聚八仙大率相類，惟瓊花之葉，柔而瑩澤，花瓣厚，色淡黃，花蕊與花平，不結子而香。自宋淳熙後所有瓊花，

皆聚八仙接木種之留遺者耳，今並此亦稀有矣。

後庭：後宮也。〔戰國策、秦策〕君之駿馬盈外廐，美人充後庭。

校記：

輕飇句，吳本毛本「綻」字均作「旋」，作「綻」是。

吳本小注云：「輕飇」一作「鮮飇」。

修蛾句，「曼臉」各本作「慢」，依詞譜作「曼」是。

宗按：

後庭花一調，陳後主造，隋書樂志稱其「綺艷相高，極於輕薄。」味其調風，蓋歌舞相兼，猶見隊仗唱和，抑揚應節之致，然付之朗誦，則板滯不靈，蓋歌誦兼美，殊不易也。

後庭花　其二

石城依舊空江國△故宮春色△七尺青絲芳草綠△絕世難得△　玉英凋落盡、更

何人識△野棠如織△只是教人添怨憶△悵望無極△

音釋：

石城：石頭城之簡稱，亦曰石首城。在今南京市西石頭山後。

校記：

第三句應叶，萬紅友謂「綠」應作「碧」，良是。

集評：

起筆挺，觸景生情，有不期然而然者，只是教人四字，眞乃達得出。白雨齋詞評

孫孟文詞疏朗婉麗，近于韋相。其後庭花第二首弔張麗華，詞意蘊藉淒怨，讀之使人意消。栩莊漫記

宗按：

詞中第三句，「綠」應作「碧」，萬氏所見是矣；惟詞律仍以孫詞爲例，均列爲「又一體」，欽定詞譜仍之。譜家分調分體，係據昔人之作，析其異同，縱原本

或有衍奪，不敢訂正，聊以存眞，故同調之後，異體繁列；後有踵作，又各據一體以自護，遂難免積非成是，益無敢加以論定者矣。如此調四十四字，七言與四言間列，定是原型，尋味此調調風，孫氏二首，皆有衍文，故語氣不順。前首第五句多一「上」字，第六句多一「見」，仍爲七、四兩句。此首後起多「落」、「更」二字，亦爲七四兩句。多此四字，不獨傷調，亦且害文，使刪去浮文，則無煩「又體」矣。

生查子　其一

寂寞掩朱門。正是天將暮△暗澹小庭中、滴滴梧桐雨△　繡工夫、牽心緒△配盡鴛鴦縷△待得沒人時、偎倚論私語△

集評：

上半闋極寫寂靜，下半闋寫幽怨。怨而不怒．足耐回味。栩莊漫記

宗按：

「牽心緒」三字，雖尋常語，但與上下文相融合，便不尋常。

「待得沒人時」，尚容「偎倚論私語」，求仁得仁，又何「怨」乎？栩莊云云，恐未必然。

生查子 其二

暖日策花驄、嚲鞚垂楊陌△ 芳草惹烟青、落絮隨風白△ 誰家繡轂動香塵、隱映神仙客△ 狂殺玉鞭郎、咫尺音容隔△

音釋：

嚲鞚：ㄉㄨㄛˇㄎㄨㄥˋ，鬆韁也。〔杜甫、醉爲馬墜諸公攜酒相看詩〕江邨野堂爭入眼，垂鞭嚲鞚凌紫陌。

集評：

六朝風華而稍參差之，卽是詩也。唐詩盡出選詩。玆體猶未入。湯顯祖

宗按：

前半頗見風光，後半亦粗可喜，視張舍人「晚逐香車」之作，溫婉過之，而雋利

不及也。

繡轂神仙，謂香車中之美人，讀者勿與前後文相混。

生查子　其三

金井墮高桐、玉殿籠斜月△永巷寂無人、斂態愁堪絕△　玉爐寒、香燼滅△還似君恩歇△翠輦不歸來、幽恨將誰說△

音釋：

永巷：稱後宮曰永巷。漢時宮中長巷，又用以幽閉有罪宮女。〔詩、小雅、巷伯序、疏〕釋宮云：宮中巷謂之壼，孫炎曰：巷舍閒道也，王肅曰：今後宮稱永巷，是宮內道名也。

宗按：

爐寒燼滅，以喻君恩之衰歇，亦見手法，惟結得太輕，稍失精采。

臨江仙　其一

霜拍井梧乾葉墮、翠帷雕檻初寒⊙薄鉛殘黛稱花冠⊙含情無語、延佇倚闌干⊙
杳杳征輪何處去、離愁別恨千般⊙不堪心緒正多端⊙鏡奩長掩、無意對孤鸞⊙

音釋：

稱：ㄔㄥˋ。

孤鸞：失偶之鸞，世以喻人之失偶也。〔白孔六帖〕孤鸞見鏡，覩其影謂爲雌，必悲鳴而舞。

宗按：

「鏡奩長掩，無意對孤鸞」，斯誠怨而不怒。
「離愁」與「不堪」二句，止此一意，浪費筆墨。

臨江仙　其二

暮雨淒淒深院閉、燈前凝坐初更⊙玉釵低壓鬢雲橫⊙半垂羅幕、相映燭光明⊙
終是有心投漢珮、低頭但理秦箏⊙燕雙鸞耦不勝情⊙只愁明發、將逐楚雲行⊙

音釋：

漢珮：見毛文錫浣溪沙註。

勝：ㄕㄥ。

明發：猶言明旦。謂天發明也。〔詩、小雅、小宛〕明發不寐，有懷二人。

宗按：

爲樂工倡女而作，了無深意。

酒泉子 其一

空磧無邊、萬里陽關道路△馬蕭蕭、人去去△隴雲愁⊙　香貂舊製戎衣窄△胡霜千里白△綺羅心、魂夢隔△上高樓⊙

宗按：

「上高樓」三字，似乏收結，而邊愁鄉思，能以三字束之，才力正復不弱。

酒泉子　其二

曲檻小樓、正是鶯花二月△思無憀、愁欲絕△鬱離襟⊙　展屏空對瀟湘水△眼前千萬里△淚淹紅、眉斂翠△恨沈沈⊙

校記：

淚淹紅句，毛本王本「淹」存均作「掩」、作「淹」是。

宗按：

酒泉子終以首句起韻爲佳，此三首均只兩結二字遙爲韻叶，隔絕太甚。

酒泉子　其三

斂態窗前、裊裊雀釵拋頸△燕成雙、鸞對影△耦新知⊙　玉纖澹拂眉山小△鏡中嗔共照△翠連娟、紅縹緲△早妝時⊙

宗按：

「鏡中嗔共照」，亦有新意，然五字中雙聲太多，不諧唇吻。此等處，花間諸人尚未之覺也。

聲病之說，發自休文，文家訾責久矣；然病之甚者，入誦便知，固不待繩之以律，作者愼自避之，抑又何難？

清平樂 其一

愁腸欲斷△正是青春半△連理分枝鸞失伴△又是一場離散△　掩鏡無語眉低⊙
思隨芳草萋萋⊙憑仗東風吹夢、與郎終日東西⊙

音釋：

青春：謂春天。〔杜甫、聞官軍收河南河北詩〕青春作伴好還鄉。

連理：異本之木而枝幹相接爲一者也，喻夫婦相愛。〔白居易、長恨歌〕在天願作比翼鳥，在地願爲連理枝。

集評：

柔情密意，思路淒然。白雨齋詞評

東風吹夢，與郎東西，語極纏綿沈摯。栩莊漫記

宗按：

全篇宛轉流順。

結語深宛；「又」字沈痛。

清平樂 其二

盡日目斷魂飛⊙晚窗斜界殘暉⊙長恨朱門薄暮⊙繡鞍驄馬空歸⊙

等閒無語。。△春恨如何去。。△終是疏狂留不住。。△花暗柳濃何處。。△

集評：

終是疏狂留不住，無限傷怨，不嫌其說得盡。栩莊漫記

宗按：

後結與前文不屬。

更漏子　其一

聽寒更、聞遠雁△半夜蕭娘深院△扃繡戶、下珠簾⊙滿庭噴玉蟾⊙　人語靜△香閨冷△紅幕半垂清影△雲雨態、蕙蘭心⊙此情江海深⊙

音釋：

蕭娘：唐代以蕭娘爲女子之泛稱。〔楊巨源、崔娘詩〕風流才子多春思，腸斷蕭娘一紙書。〔白居易詩〕風朝舞飛燕，雨夜泣蕭娘。

噴玉蟾：謂月色鋪地。

宗按：

全篇匀整，境清詞艷。

更漏子　其二

今夜期、來日別△相對祇堪愁絕△偎粉面、撚瑤簪⊙無言淚滿襟⊙　銀箭落△霜華薄△牆外曉鷄喔喔△聽付囑、惡情悰⊙斷腸西復東⊙

音釋：

簪：ㄗㄣ。

銀箭：銀製之漏箭也。〔李賀十月樂詞〕玉壺銀箭稍難傾，釭花夜笑凝幽明。

惡：壞也。

校記：

撚瑤簪，「瑤」吳本作「搖」，誤。

集評：

得情深江海，自不至斷腸東西，其不然者命也，數也。人非木石，那得無情。世間負心人，木石之不若也。湯顯祖

宗按：

萍水因緣，不辭累牘。

女冠子 其一

蕙風芝露△壇際殘香輕度△蕊珠宮⊙苔點分圓碧、桃花踐破紅⊙　品流巫峽外、名籍紫微中⊙眞侶墉城會、夢魂通⊙

音釋：

蕊珠宮：神仙所居之宅。〔海內十洲記〕玉宸大道君治蕊珠貝闕。〔西昇經〕上清白闕，丹城蕊珠宮。

紫微：星座，謂天仙所居。〔晉書天文志〕一曰紫微，大帝之座也。

眞侶：猶言仙侶。

墉城：神仙之居也。一作墉宮。〔杜光庭、墉城集仙錄序〕女仙以金母爲尊，金母以墉城爲治。〔水經注〕崑崙山有墉城，金臺玉樓，相望如一。

宗按：

「苔點」句佳，「踐」字便嫌太硬。

女冠子　其二

澹花瘦玉△依約神仙妝束△佩瓊文⊙瑞露通宵貯、幽香盡日焚⊙　碧烟籠絳節、黃藕冠濃雲⊙勿以吹簫伴、不同羣⊙

校記：

碧烟句，毛本王本「烟」字均作「紗」，作「烟」勝。

宗按：

末句，挑辭也。

風流子　其一

茅舍槿籬西曲△鷄犬自南自北△菰葉長、水葓開、門外春波漲淥△聽織聲促△軋軋鳴梭穿屋△

音釋：

槿籬：以佛桑爲籬也〔文選、沈約、宿東園詩〕槿籬疎復密，荊扉新且故。

長：ㄓㄤˇ。

菰：植物名，禾本科，多年生草本，生淺水中，高五六尺，春生新芽，如筍，名茭白，葉細長而尖，夏秋間開花，秋結實，曰菰米，亦稱雕胡米，可作飯。

集評：

花間集中忽有此淡樸詠田家耕織之詞，誠爲異采，蓋詞境至此，已擴放多矣。栩莊漫記

宗按：

風光頓換，耳目一新。

「自南自北」用經語，稍笨。

「聽織聲促」，意明而語不順。此處本作二字兩句，姑離而爲二，然「織」、「促」究不同部。

風流子　其二

樓倚長衢欲暮。瞥見神仙伴侶。微傅粉、攏梳頭、隱映畫簾開處。無語。無緒。慢曳羅裙歸去。

集評：

情態逼真，令人如見，結三語有無限惋惜。白雨齋詞評

宗按：

全詞叙次，首尾完整，如一小段記錄默片，「淡入」「淡出」，中間亦有一二特寫鏡頭。

風流子 其三

金絡玉銜嘶馬。繫向綠楊陰下。朱戶掩、繡簾垂、曲苑水流花謝。歡罷。歸也。猶在九衢深夜。

音釋：

九衢：九交道也，與九逵同。

謝：舊讀ㄘㄧㄚˇ，也ㄧㄚˇ，夜ㄧㄚˇ。

校記：

曲苑句，吳本「謝」字作「榭」，作「謝」勝。

宗按：

流連光景之作。

定西番　其一

鷄祿山前遊騎、邊草白、朔天明⊙馬蹄輕⊙　鵲面弓離短韔、彎來月欲成⊙一隻鳴髇雲外、曉鴻驚⊙

音釋：

鷄祿山：〔水經注〕自窳渾縣西北，出雞鹿塞，一作雞祿。

騎：ㄐㄧˋ。

韔：ㄔㄤˋ，弓衣也，所以盛弓者。

髇：ㄒ一ㄠ，鳴箭也。〔杜甫、天狗賦〕囧髇矢與流星兮，圍要害而俱破。

集評：

隨題敷衍，了無佳處。栩莊漫記

宗按：

「月欲成」三字趁韻。

定西番　其二

帝子枕前秋夜、霜幄冷、月華明⊙正三更⊙　何處戍樓寒笛、夢殘聞一聲⊙遙想漢關萬里、淚縱橫⊙

音釋：

縱：ㄗㄨㄥ。

集評：

吳子華云：無人知道外邊寒。謝疊山云：玉人歌吹未曾歸。可見深宮之暖，

不知邊塞之寒。玉人之娛，不知蠶物之苦，至裴交泰下第詞云：南宮漏短北宮長，眞一字一血矣。湯顯祖

宗按：

詞意不透。湯氏云云，其然？豈其然乎？

河滿子

冠劍不隨君去、江河還共恩深⊙歌袖半遮眉黛慘、淚珠旋滴衣襟⊙惆悵雲愁雨怨、斷魂何處相尋⊙

宗按：

江上琵琶，同其怨抑；然斷魂止於雲雨，苦不能深。集中和凝二首，一首全爲六字句，一首第三句七字，此首第三句與第四句顯係對文，「慘」字疑衍。

玉胡蝶

春欲盡、景仍長⊙滿園花正黃⊙粉翅兩悠颺⊙翩翩過短牆⊙　鮮飆暖△　牽遊伴△　飛去立殘芳⊙　無語對蕭娘⊙　舞衫沈麝香⊙

音釋：

颺：一尤ˊ。**過**：ㄍㄨㄛ。**沈**：ㄔㄣˊ。

宗按：

調風活潑，詠蝶有輕盈之致。後結極婉。

八拍蠻

孔雀尾拖金線長⊙　怕人飛起入丁香⊙　越女沙頭爭拾翠、相呼歸去背斜陽⊙

音釋：

丁香：香木名，一名雞舌香，常綠木本，產熱帶。

拾翠：春遊採拾花草也。〔杜甫秋興詩〕佳人拾翠春相問。

宗按：八拍蠻，亦幾於七言絶句矣，以失黏故，視爲詞可。

竹枝 其一

門前春水、竹枝 白蘋花⊙女兒 岸上無人、竹枝 小艇斜⊙女兒 商女經過、竹枝 江欲暮、女兒 散抛殘食、竹枝 飼神鴉⊙女兒

音釋：

竹枝：樂府名，亦名巴渝詞。唐劉禹錫謫朗州時，以俚歌鄙陋，依騷人九歌，作竹枝新辭九章，後人仿其體，詠土俗瑣事亦多謂之竹枝詞，後乃轉作詞牌名，因其體本於樂府之竹枝也。

商女：「女」字疑應作「旅」，無它本可證，姑志於此。

神鴉：〔岳陽風土記〕巴陵鴉甚多，土人謂之神鴉，無敢弋者，穿堂入庖廚略不畏，園林果實未熟，耗啄已半。〔杜甫過洞庭詩〕護江盤古木，迎櫂舞神鴉。

宗按：

竹枝本七言絕句；後以歌時不足以應樂，始於每句句尾，援樂府「董逃」、「上留田」之類，增二字以爲和聲，如皇甫松之采蓮子下注「舉棹」，「年少」，繼又於每句小頓處，亦增和聲，如此首之「女兒」、「竹枝」。顧仍未脫七絕原型也。至張泌、顧敻之柳枝則每句尾增三字爲正文，完成詞之型式。

竹　枝　其二

亂繩千結、竹枝　絆人深⊙女兒　越羅萬丈、竹枝　表長尋⊙女兒　楊柳在身、竹枝　垂意緒、女兒　藕花落盡、竹枝　見蓮心⊙女兒

音釋：

尋：八尺曰尋，與「萬丈」相應。尋，思也。

蓮心：蓮實中，胚芽，味苦。蓮，諧憐，愛也。〔李羣玉寄人詩〕莫嫌一點苦，便擬棄蓮心。

集評：

諧聲和歌，讀曲子夜之遺響也。栩莊漫記

宗按：

每句首四字爲謎面，後三字爲謎底，蓋讀曲子夜之遺，以之入竹枝，韻味恰合。此首與七絕音律微異，可知專詠土俗之作，率意任情，不必其求盡諧律體也。此首每句一「底」一「面」，懸想當日歌時，必爲兩人，一人唱「面」，一人唱「底」，一唱一和，於辭中可以見之。進而論之，可知此調，並非七言四句，而係四言與三言相間，其格架則本於七絕耳。幸有孫氏此首泄其消息，不致一體視爲七絕。故此二首各句分別點斷，與譜家分句之法稍異。

思帝鄉

如何。遣情情更多。永日水堂簾下、斂羞蛾。六幅羅裙窣地、微行曳碧波。看盡滿池疎雨、打團荷。

校記：

永日句，「堂」字或作「晶」，兩可。

集評：

常語常景，自然丰采。湘綺詞選

宗按：

羅裙窣地微行，而以曳碧波三字狀之，語妙。

末句，見寂寞之情，而有餘韻。

上行盃　其一

草草離亭鞍馬、從遠道、此地分襟⊙燕宋秦吳千萬里△無辭一醉△野棠開、江草溼△佇立△沾泣△征騎駸駸⊙

宗按：

上行盃爲離筵唱詞，泛用，故無可取。

孫詞上行盃二首，各本皆分爲二段，此首於里字，次首於「共」字處過片，不獨文氣截爲兩橛，且「醉」、「捧」二字挂韻下片，亦覺不倫。應以不分段爲是。

此首以「襟」字起韻，至末句「騣」字遙叶，相去太遠。酒泉子雖亦有類似之處，要非正格，或有訛文。此首與次首亦不合，疑第三句應作「分襟此地」，末句應作「騣騣征騎」。無據，姑志於此。

上行盃 其二

離棹逡巡欲動△臨極浦、故人相送△去住心情知不共△金船滿捧△綺羅愁、絲管咽△迴別△帆影滅△江浪如雪△

集評：

黯然消魂者，惟別而已矣，江淹恨賦所未暢，尚思廣之，此詞殊覺潦草。

湯顯祖

宗按：

「知不共」、「迴別」二語，均有未安。

此首以「動」字起韻，較前首完整。「帆影滅」句三字，亦較前首止用「沾泣」二字爲佳。意此二首均難免有訛文也。

謁金門

留不得△留得也應無益△白紵春衫如雪色△揚州初去日△　輕別離、甘拋擲△江上滿帆風疾△却羨鴛鴦三十六、孤鸞還一隻△

音釋：

應：一ㄥ。

拋擲：棄置也〔劉禹錫、春日閑坐詩〕東洛池臺怨拋擲，移文非久會應成。

彩鸞三十六：〔古樂府〕鴛鴦七十二，兩兩自成行。

集評：

字字嗚咽，相思之苦，飄泊之感，使人蕩氣廻腸，百讀不厭，其清新哀惋處，蓋神似端己也。栩莊漫記

宗按：

一片離愁，無窮失望，俊爽之筆，隸之溫婉。

思越人 其一

古臺平、芳草遠、館娃宮外春深⊙翠黛空留千載恨、教人何處相尋⊙綺羅無復當時事△露花點滴香淚△惆悵遙天橫淥水△鴛鴦對對飛起△

宗按：

思越人常用以詠西子，若無獨特處，只是泛泛說去，遂乏精采。

思越人 其二

渚蓮枯、宮樹老、長洲廢苑蕭條⊙想像玉人空處所、月明獨上溪橋⊙經春初敗秋風起△紅蘭綠蕙愁死△一片風流傷心地△魂銷目斷西子△

音釋：

西子：即西施。

集評：

筆致疏冷，經春二語淒艷而筆力甚遒。白雨齋詞評

月明獨上溪橋，所謂傷心人別有懷抱也。栩莊漫記

宗按：

「想像」二句，不勝華屋丘山，美人黃土之感。經行憑弔，慨喟無端。「經春」兩句，凝想入神，儼然昌谷。結句明點，大殺風景，使全文減色矣。

楊柳枝　其一

閶門風暖落花乾⊙飛遍江城雪不寒⊙獨有晚來臨水驛、閒人多凭赤闌干⊙

音釋：

閶門：蘇州城有閶門，詞家即有閶門代蘇州。

乾：ㄍㄢ。

凭：ㄆㄧㄥˇ，倚也。

集評：

飛遍江城雪不寒，得詠絮之妙。栩莊漫記

楊柳枝　其二

有池有榭即濛濛⊙浸潤翻成長養功⊙恰似有人長檢點、著行排立向春風⊙

音釋：

長養功之「長」，音ㄓㄤˇ。長檢點之「長」，音ㄔㄤˊ。

楊柳枝　其三

根柢雖然傍濁河⊙無妨終日近笙歌⊙驂驂金帶誰堪比、還共黃鶯不校多⊙

音釋：

「驂驂」字應作「毿毿」或「鬖鬖」。

楊柳枝　其四

萬株枯槁怨亡隋⊙似弔吳宮各自垂⊙好是淮陰明月裏、酒樓橫笛不勝吹⊙

音釋：

勝：ㄕㄥ。

校記：

好是句，他本「裏」作夜，兩可。

宗按：

楊柳枝四首，不以詞論，卽以詩衡之，亦是惡札，眞不當闌入也。

望梅花

數枝開與短牆平⊙見雪萼紅跗相映、引起誰人邊塞情⊙簾外欲三更⊙吹斷離愁月正明⊙空聽隔江聲⊙

音釋：

跗：ㄈㄨˊ，花足也。〔沈約、郊居賦〕抽紅花于紫帶，銜素蕊于青跗。

集評：

自去何郎無好詠，雪萼紅跗相映，當得好字起不？湯顯祖

宗按：

此與和成績詞字句相等，而實不盡同，調殊不佳。

「引起」句，暗藏橫笛意，故後文用「吹」，「聲」等字。意究不醒。

漁歌子　其一

草芊芊、波漾漾△湖邊草色連波漲△沿蓼岸、泊楓汀、天際玉輪初上△扣舷歌、聯極望△槳聲伊軋知何向△黃鵠叫、白鷗眠、誰似儂家疏曠△

音釋：

伊軋：櫓聲。

宗按：

漁歌子佳製不多，得諸想擬，故不眞切。

漁歌子 其二

杜若

洲、香郁烈△一聲宿雁霜時節△經霅水、過松江、盡屬儂家日月△

泛流螢、明又滅△夜涼水冷東灣闊△風浩浩、笛寥寥、萬頃金波澄澈△

音釋：

霅水：霅音ㄓㄚˊ，本入聲，水名，在吳興。

松江：水名，爲太湖之支流。即今之吳淞江是。

集評：

竟奪了張志和張季鷹坐席，忒覺狠些。湯顯祖

二詞亦疏曠。特未能與西塞山前原唱爭勝耳。栩莊漫記

宗按：

子非「漁」，安知「漁」之樂？

魏太尉 承班 十五首

魏承班，字籍未詳。前蜀駙馬都尉，官至太尉。

附錄：

魏承班父名宏夫，王建錄爲養子，賜姓名王宗弼，封齊王。十國春秋

集評：

元遺山曰：承班詞但爲言情之作，大旨明淨，不更苦心刻意以競勝者。古今詞話

魏承班詞較南唐諸公更淺而近，更寬而盡，人人喜效爲之。愚按相見綺筵時，深情黯共知，難話此時心，梁燕雙來去，亦爲弄姿無限，只是一腔摹出。至好天涼月盡傷心，爲是玉郎長不見，少年何事負初心，淚滴鏤金雙袵，有故意求盡之病。柳塘詞話

按魏承班詞，沈偶僧言其有意求盡之病，余謂不妨說盡，只是少味耳。況周頤

魏詞遜于薛昭蘊牛嶠而高于毛文錫，然皆不及王衍。五代詞以帝王爲最工，豈不以無意于求工歟。王國維

魏承班詞濃艷處近飛卿，間有清朗之作，特不多耳。栩莊漫記

菩薩蠻 其一

羅裙薄薄秋波染△眉間畫得山兩點△相見綺筵時⊙深情暗共知⊙　翠翹雲鬢動△斂態彈金鳳△宴罷入蘭房⊙邀人解珮璫⊙

校記：

羅裙句，「裙」吳本作「裾」，兩可。

眉間句，「得」字各本作「時」，依王輯本作「得」勝。

集評：

艷冶似溫尉。栩莊漫記

宗按：

後結恐溫尉所不爲也。

菩薩蠻 其二

羅衣隱約金泥畫△玳筵一曲當秋夜△聲顫覷人嬌⊙雲鬟裊翠翹⊙　酒醺紅玉軟△眉翠秋山遠△繡幌麝烟沈⊙誰人知兩心⊙

音釋：

當：ㄉㄤ。
夜：ㄧㄚˋ。

校記：

羅衣句，「隱」字吳本作「穩」，誤。

集評：

艷麗。栩莊漫記

宗按：

全詞明倩，「玉軟」字亦新。

滿宮花

雪霏霏、風凜凜△玉郎何處狂飲△醉時想得縱風流、羅帳香幃鴛寢△　春朝秋夜思君甚△愁見繡屏孤枕△少年何事負初心、淚滴縷金雙衽△

音釋：

衽：ㄖㄣˋ。

集評：

好個滿宮花，只此平調，殊未快人心目。湯顯祖

宗按：

由深閨寂寞之中，設想歡場冶蕩，茹恨含酸，怨而不怒，古代女性之處境，可以

想見。

語雖淺露，亦微有昭陽日影之感。

「風流」二字至此，古意蕩然矣。

「少年」正是「血氣未定」，奈何以「負初心」責之。

木蘭花

小芙蓉、香旖旎△碧玉堂深清似水△閉寶匣、掩金鋪、倚屏拖袖愁如醉△遲遲好景烟花媚△曲渚鴛鴦眠錦翅△凝然愁望靜相思、一雙笑靨嚬香蕊△

集評：

庸調。栩莊漫記

宗按：

詞或寫實，然遣詞甚拙。「眠錦翅」及「嚬香蕊」，尤不成語。

玉樓春　其一

愁倚錦屏低雪面△淚滴繡羅金縷線△好天涼月盡傷心、爲是玉郎長不見△

寂寂畫堂梁上燕△高捲翠簾橫數扇△一庭春色惱人來、滿地落花紅幾片△

集評：

結語說到盡頭，了無餘味。魏氏此等詞，與毛文錫不相上下。栩莊漫記

宗按：

兩結極拙。「幾片」字與「滿地」，亦有語病。

玉樓春與木蘭花，同調異名，而魏氏特標木蘭花於前，其字句亦大有出入，似欲示人以異體者。

玉樓春　其二

輕斂翠蛾呈皓齒△鶯囀一枝花影裏△聲聲清迥遏行雲、寂寂畫梁塵暗起△

玉斝滿斟情未已△促膝王孫公子醉△春風筵上貫珠勻、艷色韶顏嬌旖旎△

音釋：

遏行雲：謂歌聲美妙令行雲止聽也。〔列子湯問〕薛譚學謳於秦青，未窮青之技，自謂盡之矣，遂辭歸，秦青弗止，餞於郊衢、撫節悲歌，聲振林木，音遏行雲，薛譚乃謝，求反，終身不敢言歸。

玉斝：斝音ㄐㄧㄚˇ。玉盃也。夏曰醆，殷曰斝，周曰爵。

集評：

此題集中凡三見，皆無一敗筆，才故相匹，抑亦此題之足恣其揮灑也。湯顯祖

宗按：

湯若士謂三首中無一敗筆，誠不可解！此首雖略勝，試問「艷色韶顏嬌旖旎」七字，尚得謂非「敗筆」耶？

訴衷情 其一

高歌宴罷月初盈⊙詩情引恨情⊙烟露冷、水流輕⊙思想夢難成⊙ 羅帳裊香平⊙恨頻生。思君無計睡還醒⊙隔層城⊙

音釋：

醒：ㄒㄧㄥ。

宗按：

全篇拙。

訴衷情　其二

春深花簇小樓臺。風飄錦繡開。新睡覺、步香階。山枕印紅腮。鬢亂墜金釵。語檀偎。臨行執手重重囑、幾千迴。

集評：

山枕印紅腮，得意之情景可思。湯顯祖

語檀偎三字殊拙。栩莊漫記

宗按：

視前差勝，然「語檀偎」句不辭，「臨行」句失韻。

訴衷情　其三

銀漢雲晴玉漏長⊙蛩聲悄畫堂⊙筠簟冷、碧窗涼⊙紅蠟淚飄香⊙　皓月瀉寒光⊙割人腸⊙那堪獨自步池塘⊙對鴛鴦⊙

音釋：

筠簟：ㄩㄣˊㄉㄧㄢˋ，竹席也。

集評：

用相對寫法，較有情味，皓月瀉寒光，佳句也。栩莊漫記

宗按：

「香」字趁韻；餘尚可；「皓月」兩句佳，然「割」字太硬，與「月」不屬；結亦平平。

訴衷情　其四

金風輕透碧窗紗⊙銀釭焰影斜⊙欹枕臥、恨何賒⊙山掩小屏霞⊙　雲雨別吳娃⊙想容華⊙夢成幾度遶天涯⊙到君家⊙

宗按：

「賒」字趁韻；餘尚可，終非上駟。

訴衷情　其五

春情滿眼臉紅銷⊙嬌妬索人饒⊙星靨小、玉璫搖⊙幾共醉春朝⊙　別後憶纖腰⊙夢魂勞⊙如今風葉又蕭蕭⊙恨迢迢⊙

校記：

首句「銷」字，毛本王本均作「綃」，非。

集評：

楊柳索春饒，黃山谷詞也。一汀烟柳索春饒，張小山詞也。古人慣用饒字。

湯顯祖

春情滿眼臉紅銷，描寫細膩，片玉詞云拂拂面紅如着酒，同此深刻而艷麗也。栩莊漫記

宗按：

後結大是不惡，餘平平。

生查子　其一

烟雨晚晴天、零落花無語△難話此時心、梁燕雙來去△琴韻對薰風、有恨和情撫△腸斷斷絃頻、淚滴黃金縷△

集評：

魏詞淺易，此却蘊藉可誦。栩莊漫記

宗按：

差可，終是才力短絀。

後起用「薰風」，誤使人有解愠意，不免三家村筆調。

生查子 其二

寂寞畫堂空、深夜垂簾幕△燈暗錦屏欹、月冷珠簾薄△　愁恨夢難成、何處貪歡樂△看看又春來、還是長蕭索△

校記：

愁恨句「難」字，毛本王本均作「應」，非。

宗按：

質直之味。

黃鍾樂

池塘烟暖草萋萋⊙惆悵閒宵含恨、愁坐思堪迷⊙遙想玉人情事遠、音容渾似隔桃溪⊙　偏記同歡秋月底⊙簾外論心花畔、和醉暗相携⊙何事春來君不見⊙夢魂長在錦江西⊙

音釋：

錦江：在四川省境，亦名流江、汶江，俗名府河，走馬河，爲岷江別流。蜀人以此水濯錦鮮明，故以名江，並名其地曰錦里，在華陽城內，又有內江之稱。

校記：

惆悵句，「宵」吳本作「霄」，誤。

夢魂句，「在」一作「遶」。

宗按：

勉強成篇，實無佳處。

漁歌子

柳如眉、雲似髮△鮫綃霧縠籠香雪△夢魂驚、鐘漏歇△窗外曉鶯殘月△　幾多情、無處說△落花飛絮清明節△少年郎、容易別、一去音書斷絕⊙

校記：

鮫綃句，「鮫」吳本作「蛟」，作「鮫」是。

集評：

此容易別時，常種人畢世莫解，那得草草。湯顯祖

窗外曉鶯殘月，正是懷人境地，故上半闋設色殊美，恨結句一語道盡，又無餘韻矣。栩莊漫記

宗按：

細閱各篇，殊無佳製，太尉於花間諸家中，備員而已。

鹿太保

虔扆 六首

鹿虔扆，字里未詳。後蜀進士。累官學士，永泰軍節度使，進太保。

附錄：

鹿虔扆，不知何地人。歷官至檢校太尉，加太保，與歐陽炯，韓琮，閻選，毛文錫等，俱以工小詞供奉後主。時人忌之者，號曰「五鬼」，虔扆思越人詞有雙帶繡窠盤錦薦。淚侵花暗香銷之句，詞家推爲絕唱。十國春秋

集評：

鹿公抗志高節，偶爾寄情倚聲，而曲折盡變，有無限感慨。倪瓚

鹿太保詞不多見，其在花間集中者約有二種風格，一爲沈痛蒼涼之詞，一爲

秀美疏朗之詞，不惟人品之高，其詞格亦高，由此可知雖處變亂之世，人格高尚者終有以自立。詞雖小道，亦可表現之也。栩莊漫記

臨江仙 其一

金鎖重門荒苑靜、綺窗愁對秋空⊙翠華一去寂無蹤⊙玉樓歌吹、聲斷已隨風⊙

煙月不知人事改、夜闌還照深宮⊙藕花相向野塘中⊙暗傷亡國、清露泣香紅⊙

音釋：

吹：ㄔㄨㄟˋ。

集評：

故宮禾黍之思，令人黯然。此詞比李後主浪淘沙詞更勝。楊愼

曲終人不見，江上數峯青，似有神助，以此方之，可謂勍敵。湯顯祖

周美成西河詞云：燕子不知何世，入尋常巷陌人家，如說興亡，斜陽裏。亦就是烟月不知人事改變化出來。草堂詩餘

一聲河滿子，雙淚落君前，深情苦調，有黍離麥秀之悲。白雨齋詞評

曰不知，曰暗傷，無情有恨，各極其妙。蒿廬詞話

鹿太保孟蜀遺臣，堅持雅操，其臨江仙含思悽惋，不減李重光晚涼天淨月華開，想得玉樓瑤殿影，空照秦淮之句。餐櫻廡詞話

太白詩只今惟有西江月，曾照吳王宮裏人。已開鹿詞先路，此闋之妙，妙在以暗傷亡國託之藕花，無知之物，尚且泣露啼紅，與上句烟月還照深宮相襯而愈覺其悲惋，其全詞布置之密，感喟之深，實出後主晚涼天淨一詞之上，知音當不河漢斯言。栩莊漫記

宗按：

詞意諸家言之盡矣；惟執此以與唐人詩及他家詞比較，似屬多餘，且不免過譽。如此首「翠華一去」及「人事改」，已明言亡「國」；「荒苑」「綺窗」，「玉樓歌吹」又暗示「亡國」，似已過多，則後結「暗傷亡國」四字，不獨明直，亦嫌冗贅。李重光浪淘沙「空照秦淮」，只一「空」字，其沈痛已溢於辭外，不必再說許多「興亡」字。江南國主實視孟蜀太保技高一籌，而楊升庵所見，適得其反，亦可怪已！

臨江仙　其二

無賴曉鶯驚夢斷、起來殘酒初醒。映窗絲柳裊烟青。翠簾慵捲、約砌杏花零。

一自玉郎遊冶去、蓮凋月慘儀形。暮天微雨灑閒庭。手挼裙帶、無語倚雲屏。

音釋：

醒：ㄒㄧㄥ。

集評：

約砌杏花零，約字雅鍊，殘紅受約于風，極婉款妍倩之致。織餘偶述

宗按：

前半工緻，後幅不稱，「一自」句率，「蓮凋」句拙。

女冠子　其一

鳳樓琪樹、惆悵劉郎一去、正春深。洞裡愁空結、人間信莫尋。竹疏齋殿迥、

松密醮壇陰。倚雲低首望、可知心。

集評：

竹疏松密二句，寫道院風光宛然。栩莊漫記

宗按：

「洞裏」兩句，無限淒酸；「竹疏」一聯，差可，亦女冠子中所習見者；結語嫌弱。

女冠子　其二

步虛壇上，絳節霓旌相向，引真仙。玉佩搖蟾影、金爐裊麝烟。露濃霜簡濕、風緊羽衣偏。欲留難得住、卻歸天。

音釋：

步虛：〔異苑〕陳思王遊山，忽聞空裏誦經聲……道士效之，作步虛聲。

宗按：

「露濃」一聯，語新而姿媚，視前章之「竹疏松密」遠勝，而栩莊不賞，何也？

思越人

翠屏欹、銀燭背、漏殘淸夜迢迢。雙帶繡窠盤錦薦、淚侵花暗香銷。　珊瑚枕膩鴉鬟亂。玉纖慵整雲散。苦是適來新夢見。離腸爭不千斷。

校記：

苦是句，「苦」字毛本王本均作「若」。

集評：

悼亡詩不過如此。湯顯祖

十國春秋謂鹿太保雙帶二句，時人推爲絕唱，余謂此詞雖淒麗，尙非臨江仙之比也。栩莊漫記

宗按：

一往情深。

虞美人

卷荷香澹浮烟渚△綠嫩擎新雨△瑣窗疏透曉風清⊙象牀珍簟冷光輕⊙水紋平⊙

九疑黛色屛斜掩△枕上眉心斂△不堪相望病將成⊙鈿昏檀粉淚縱橫⊙不勝情⊙

音釋：

九疑：此謂屛間之九疑也。九疑山名。疑，似也。山有九峯，其形相似也。亦作九嶷。又名蒼梧山，虞舜葬處，在今湖南省寧遠縣。

縱：ㄗㄨㄥ。

校記：

瑣窗句，「瑣」字吳本作「鎖」，作「瑣」是。

鈿昏句，「縱」字吳本作「蹤」，非。

宗按：

「綠嫩擎新雨」五字，何等鮮脆，「水紋平」三字，夏簟清瑩可見；至「鈿昏」句，則思越人中「淚侵」句之改寫耳。

閻處士

選八首

閻選，字里未詳。

附錄：

閻選，故布衣也。酷善小詞。有臨江仙詞云：畫簾深殿，香霧冷風殘。又云：猿啼明月照空灘。時人目爲閻處士。十國春秋

集評：

閻處士詞多側艷語，頗近溫尉一派，然意多平衍，蓋與毛文錫伯仲耳。栩莊漫記

虞美人　其一

粉融紅膩蓮房綻，臉動雙波慢。小魚銜玉鬢釵橫，石榴裙染象紗輕，轉娉婷。
偷期錦浪荷深處，一夢雲兼雨。臂留檀印齒痕香，深秋不寐漏聲長，儘思量。

音釋：

量：ㄌㄧㄤˊ。

校記：

儘思量句，各本儘一作盡，作「儘」是。

集評：

儘字更有深意。湯顯祖

宗按：

全詞寫實，事在後起兩句。因「偷期」在綠雲深處，故首句用「蓮房」字，以喻人面，不假他物，有人面花光兩不分之感。若無換頭一語，則「蓮房」二字，便成泛設。後結三句，則索居追味，餘甘不盡。

虞美人 其二

楚腰蠐領團香玉△鬢疊深深綠△月蛾星眼笑和顰⊙柳夭桃艷不勝春⊙晚妝勻⊙
水紋簟映青紗帳△霧罩秋波上△一枝嬌臥醉芙蓉⊙良宵不得與君同⊙恨忡忡⊙

音釋：

芙蓉：即荷花。

蛾：本謂蛾眉，此則以蛾代眉矣。

校記：

月蛾句「笑和顰，」他本作「笑微頻」，從吳本注，語勝。

宗按：

事仍前首，布局全同，惟易其詞耳。如細品之，則前首遠勝。如前段用「柳夭桃艷」，雖無不可，以視「蓮房綻」三字，究嫌膚泛。後起寫入正題，又嫌太明。

「醉芙蓉」三字，可與「蓮房綻」抗手，但緊接「秋波」，稍傷暗示之趣，回視前文桃柳，轉成浮溢。至後結「良宵不得與君同，恨忡忡」，與前章之「秋宵不寐漏聲長，儘思量」相比，則大有上下牀之別，讀者當能辨之。

臨江仙　其一

雨停荷芰逗濃香。岸邊蟬噪垂楊。物華空有舊池塘。不逢仙子、何處夢襄王。
珍簟對欹鴛枕冷、此來塵暗淒涼。欲憑危檻恨偏長。藕花珠綴、猶似汗凝妝。

宗按：

仍追念虞美人二詞中事，閻處士所念念不忘者也。所謂「蓮房綻」，所謂「醉芙蓉」，亦卽「珠綴」之「藕花」，卽一物，亦卽一人，不惜反復言之，其印象深刻如是。然此首去「偸期」較遠，感傷甚於追味，描敍漸少，而意致轉清。

臨江仙　其二

十二高峯天外寒。竹梢輕拂仙壇。寶衣行雨在雲端。畫簾深殿、香霧冷風殘。

欲問楚王何處去、翠屏猶掩金鸞⊙猿啼明月照空灘⊙孤舟行客、驚夢亦艱難⊙

集評：

非深于行役者，不能爲此言，卽以水仙調，當作行路難也。湯顯祖

閣選詞惟臨江仙第二首有軒翥之意，餘尚未足與于作者也。王國維

宗按：

詠巫山神女事，亦緣題之作，與「行路難」無涉，若士謂「非深于行役者，不能爲此言」，信筆虛譽，非作者所宜受也。「殘」字有趁韻之嫌。

浣溪沙

寂寞流蘇冷繡茵⊙倚屏山枕惹香塵⊙小庭花露泣濃春⊙　劉阮信非仙洞客、常娥終是月中人⊙此生無路訪東鄰⊙

宗按：

一念忽焉而起，忽焉而逝，前半枉爲他人設想，後結輕輕放下，處士當不失爲佳士。

佛說一切衆生，愼勿造因，願天下才人，及時猛省。

八拍蠻 其一

雲鎖嫩黃煙柳細，風吹紅蔕雪梅殘⊙光影不勝閨閣恨、行行坐坐黛眉攢⊙

校記：

雲鎖句，「鎖」字吳本作「瑣」，誤。

集評：

仄聲七言絕句，唐人以入樂府，謂之阿那曲。宋人謂之雞叫子，平聲絕句以入樂府者，非楊柳枝，竹枝，即八拍蠻。湯顯祖

宗按：

此首視毛文錫爲下矣。

八拍蠻　其二

愁鎖黛眉烟易慘、淚飄紅臉粉難勻⊙憔悴不知緣底事、遇人推道不宜春⊙

校記：

愁鎖句，「鎖」字吳本亦作「瑣」，誤。

宗按：

亦無足取。

河傳　其一

秋雨△秋雨△無晝無夜、滴滴霏霏⊙暗燈涼簟怨分離⊙妖姬⊙不勝悲⊙　西風稍急喧窗竹△停又續△膩臉懸雙玉△幾迴邀約雁來時⊙違期⊙雁歸人不歸⊙

集評：

三句皆重疊字，大奇大奇，宋李易安聲聲慢，用十疊字起，而以點點滴滴四

字結之。蓋用此法而青出於藍。湯顯祖

宗按：

湯顯祖見此三句，連呼「大奇」，湯氏以戲曲名家，使讀喬夢符之天淨沙，「風風雨雨春春，花花柳柳眞眞……」全文皆疊字，又當如何？通人而有陋見，斯眞「大奇」也。

謂李易安聲聲慢，乃用此出藍，眞厚誣易安居士矣。

尹參卿　鶚

六首

尹鶚，成都人。仕前蜀累官至參卿。

附錄：

尹鶚，成都人也，工詩詞，與賓貢李珣友善。珣本波斯之種，鶚性滑稽，常作詩嘲之，珣名爲頓損。累官至翰林校書。十國春秋

集評：

尹鶚秋夜月，頗覺遒古，然非正賞之音，杏園芳更多頹唐之句。古今詞話

尹參卿詞，以明淺動人，以簡淨成句者也。張炎

尹鶚女冠子，霞帔金絲薄，花冠玉葉危。押危字甚安。秋夜月歇拍云，心正

切。夜深窗透，數條斜月。能于旖旎中得幽靜之趣。金絲薄之薄字，改弱對危，更稱。餐櫻廡詞話

尹鶚秋夜月云，三秋佳節。罥晴空，凝翠露，茱萸千結。菊蕊和烟輕撚，酒浮金屑。徵雲雨，調絲竹，此時難輟。歡極。一片艷歌聲揭。黃昏慵別。炷沈烟，薰繡被，翠帷同歇。醉並鴛鴦雙枕，煖偎香雪。語丁零，情委曲。論心正切。夜深窗透，數條斜月。所謂開屯田詞派者也。況周頤

尹鶚詞在花間集中似韋而淺俗，似溫而繁瑣，蓋獨成一格者也。其寫冶遊，寫情思均分明如畫，不避詳瑣，柳塘以爲開屯田俳調，詢爲知言。要其清綺靈活處，實在閣選等之上，差可與牛希濟孫光憲等齊肩也。栩莊漫記

臨江仙　其一

一番荷芰生池沼、檻前風送馨香⊙　昔年於此伴蕭娘⊙　相偎佇立、牽惹敍衷腸⊙
時逞笑容無限態、還如菡萏爭芳⊙　別來虛遣思悠颺⊙　慵窺往事、金鎖小蘭房⊙

音釋：

芰：ㄐㄧˋ，菱也。

菡萏：ㄏㄢˇㄉㄢˇ，荷花也。〔釋文〕菡萏，荷華也，未開曰菡萏，已發曰芙蓉。〔詩陳風澤陂〕彼澤之陂，有蒲菡萏。

校記：

一番句，「池」或作「舊」，相偎句，「偎」或作「隈」，均非。

集評：

尹鶚昔年於此伴蕭娘，相偎佇立，牽惹敍衷腸，流遞于後，令讀者不能爲懷。豈必曰花間尊前，句皆婉麗也。柳塘詞話

宗按：

辭疏意淺，用字亦有未安處。

臨江仙　其二

深秋寒夜銀河靜、月明深院中庭⊙西窗幽夢等閑成⊙逡巡覺後、特地恨難平⊙

紅燭半消殘焰短、依稀暗背銀屏⊙枕前何事最傷情⊙梧桐葉上、點點露珠零⊙

校記：

月明句，毛本王本「院」字作「夜」，與首句「夜」字重。歷代詩餘作「小院」，亦無佳處。

西窗句，「幽」字亦作「鄉」，作「幽」勝，以後文無思鄉意。

紅燭句，毛本王本「消」字作「條」，兩可。

宗按：

結語並無含蓄，而前句一問，不知「最傷情」者果何在也。

「逡巡」字未妥。

「深院中庭」，則止是一地；作「月明深夜」，則止是一時，終無勝處。

滿宮花

月沈沈、人悄悄△一炷後庭香裊△草深輦路不歸來、滿地禁花誰掃△離恨多、相見少△何處醉迷三島△漏清宮樹子規啼、愁鎖碧窗春曉△

校記：

第四句，「草深輦路」四字各本作「風流帝子」，稍遜，依歷代詩餘改。至毛本作「風流弟子」，更不成語。滿地句，「誰」字各本作「慵」，依歷代詩餘改。

集評：

綺麗風華，彷彿仲初宮詞。白雨齋詞評

宗按：

緣題之作，兩結淒怨。

杏園芳

嚴妝嫩臉花明。教人見了關情。含羞舉步越羅輕。稱娉婷。終朝咫尺窺香閣，迢遙似隔層城。何時休遣夢相縈。入雲屏。

音釋：

稱：ㄔㄥˋ。

校記：

教人句，吳本「教」字作「交」，義同。

集評：

尹鶚杏園芳第二句教人見了關情，末句何時休遣夢相縈，遂開屯田俳調。柳塘詞話

宗按：

雖淺而不佻。

醉公子

暮煙籠蘚砌△戟門猶未閉△盡日醉尋春⊙歸來月滿身⊙離鞍偎繡袂△墜巾花亂綴△何處惱佳人⊙檀痕衣上新⊙

集評：

一年幾見月當頭，歸來月滿身，會得醉的公子。湯顯祖

尹鶚醉公子詞云：何處惱佳人。檀痕衣上新。似怨似憐，嬌嗔之態可想，而含意亦不輕薄。至若撥棹子云：特地向寶帳顚狂不肯睡。清平樂云：賺得王孫狂處，斷腸一搦腰肢。又云：應待少年公子，鴛幃深處同歡。則流於狎暱，幾如柳三變俳調也。栩莊漫記

宗按：

依題命意，雖無深致，而「歸來月滿身」及「檀痕衣上新」，艷而能雅。「檀痕」句，「新」字最不可忽。「佳人」所「惱」，在此「新」「痕」；「公子」旣「醉」，故有此破綻也。此等事，自古已然，於今爲烈，顧惟尹參卿始一道及，卽此亦復勝人。

菩薩蠻

隴雲暗合秋天白△俯窗獨坐窺烟陌△樓際角重吹⊙黃昏方醉歸⊙　荒唐難共語△明日還應去△上馬出門時⊙金鞭莫與伊⊙

音釋：

重：ㄔㄨㄥˊ。應：一ㄥ。

集評：

唐無名氏醉公子云：門外猧兒吠。知是蕭郎至。剗襪步香階。寃家今夜醉。扶得入羅幃。不肯脫羅衣。醉則從他醉。還勝獨睡時。前人謂讀此可悟作詩之法。韓子蒼曰：只是轉折多耳。且如喜其至，是一轉。而苦其今夜醉，又是一轉。入羅幃，是一轉。而不肯脫羅衣，又是一轉。後二句自家開釋，又是一轉。直是賦盡醉公子也。（見懷古錄）。尹鶚菩薩蠻云云，由未歸說到醉歸。由荒唐難共語，想到人明日出門時，層層轉折，與無名氏醉公子略同。金鞭莫與伊。尤有不盡之情。癡絕昵絕。全唐詩附鶚詞十六闋，此闋最爲佳勝。況周頤

慧心密意，令人叫絕。白雨齋詞評

嬌癡之情可掬。仝上

宗按：

仍是醉公子，但以菩薩蠻出之耳。

「金鞭莫與伊」，固自可人；但古代女性所能爲者殆亦不過如此，亦可憐也。

毛秘書熙震

二十九首

毛熙震，蜀人，字不詳，官秘書監。

附錄：

毛熙震生查子浣溪沙諸詞，情致可愛，不僅以濃艷見長，而後庭花清平樂南歌子，則後人弄筆者，萬不能出一頭地。柳塘詞話

閑情之作，雖屬詞中下乘，然亦不易工，蓋摹色繪聲，礙難着筆，第言姚冶，易近縱佻。兼寫幽貞，又病迂腐。然則如何而可。曰根底于風騷，涵泳于溫韋，以之作正聲也可，以之作艷體亦無不可。古人詞若毛熙震之暗思閒夢，何處逐雲行。似此則婉轉纏綿，情深一往，麗而有則，耐人尋味。其次則牛松卿強攀桃李枝，斂愁眉，又彈到昭君怨處，翠蛾愁。不擡頭。牛希濟

之紅豆不堪看，滿眼相思淚。均不失爲風流酸楚。今人不知作詞之難，至于豔詞更以爲無足輕重。率爾操觚，揚揚得意，不自知其可恥，此關睢之不作也。此鄭聲之所以盈天下也。此則余之懼也。白雨齋詞評

毛熙震詞，花間錄存二十九首，與周密所言之數相符。其詞濃麗處似學飛卿，然亦有清淡者，要當在毛文錫上，歐陽炯牛松卿間耳。栩莊漫記

浣溪沙　其一

春暮黃鶯下砌前⊙水精簾影露珠懸⊙綺霞低映晚晴天⊙　弱柳萬條垂翠帶、殘紅滿地碎香鈿⊙蕙風飄蕩散輕烟⊙

宗按：全詞平平，無敗筆，亦無佳句。

浣溪沙　其二

花謝香紅煙景迷⊙滿庭芳草綠萋萋⊙金鋪閑掩繡簾低⊙　紫燕一雙嬌語碎、翠屏十二晚峯齊⊙夢魂銷散醉空閨⊙

集評：

末句不成語。栩莊漫記

宗按：

首句亦湊。

浣溪沙 其三

晚起紅房醉欲銷。綠鬟雲散裊金翹。雪香花語不勝嬌。好是向人柔弱處，玉纖時急繡裙腰。春心牽惹轉無憀。

集評：

平淡之狀而出以穠麗，使人之意也消。栩莊漫記

宗按：

「雪香花語」，四字尖新。「玉纖」句，細膩，亦常見之狀，特爲常人所忽。

浣溪沙 其四

一隻橫釵墜髻叢⊙靜眠珍簟起來慵⊙繡羅紅嫩抹酥胸⊙　羞斂細蛾魂暗斷、困迷無語思猶濃⊙小屏香靄碧山重⊙

校記：

繡羅句，毛本王本吳本「酥」字均作「蘇」，非。

集評：

細膩風光。栩莊漫記

宗按：

全篇匀整，阮畫之美人春睡圖也。

浣溪沙 其五

雲薄羅裙綬帶長⊙滿身新裛瑞龍香⊙翠鈿斜映艷梅妝⊙　佯不覷人空婉約、笑和嬌語太猖狂。忍教牽恨暗形相。

校記：

吳本小注：裙一作裾，作裙是。

宗按：

後起一聯，寫女兒作態，又掩飾不盡。

浣溪沙　其六

碧玉冠輕裊燕釵。捧心無語步香階。緩移弓底繡羅鞋。　暗想歡娛何計好、豈堪期約有時乖。日高深院正忘懷。

音釋：

弓底繡羅鞋：古時婦女纏足，其鞋底屈爲弓形。〔郭鈺、美人折花歌〕花刺鉤衣花落手，草根露濕弓鞋繡。

集評：

毛熙震詞綏移弓底繡羅鞋，當爲以弓鞋入詞之始，着一綏字，神態具足。栩莊漫記

宗按：

後半直而淺。

浣溪沙 其七

半醉凝情臥繡茵⊙睡容無力卸羅裙⊙玉籠鸚鵡厭聽聞⊙　慵整落釵金翡翠、象梳欹鬢月生雲⊙錦屏綃幌麝烟熏⊙

校記：

象梳句各本作「月初生」，「生」字出韻，蕙風詞話引作「月生雲」，從之。

宗按：

「象梳欹鬢月生雲」，亦是佳句。

臨江仙 其一

南齊天子寵嬋娟⊙六宮羅綺三千⊙潘妃嬌艷獨芳妍⊙椒房蘭洞、雲雨降神仙⊙
縱態迷歡心不足、風流可惜當年⊙纖腰婉約步金蓮⊙妖君傾國、猶是至今傳⊙

音釋：

南齊：南朝之一，蕭道成篡宋自立，國號齊，史稱南齊。此句謂東昏侯。

潘妃：南齊東昏侯妃，小字玉兒，亦曰玉奴。東昏侯嬖而畏之。每出，妃乘臥輿，東昏侯騎馬以從，嘗爲妃建神仙、永壽、玉壽三殿，窮極奢侈。又嘗鑿地爲金蓮華，使妃行其上，曰：此步步生蓮華也。東昏侯小有過失，妃即杖之。後梁武帝入健康，東昏侯被殺，將以妃賜田安啓，妃不願，自縊死。

步金蓮：見潘妃注。

集評：

敷衍史實，味如土飯塵羹。栩莊漫記

宗按：

栩莊所見極是。

臨江仙　其二

幽閨欲曙聞鶯囀，紅窗月影微明。好風頻謝落花聲。隔幃殘燭，猶照綺屏箏。繡被錦茵眠玉暖，炷香斜裊烟輕。淡蛾羞斂不勝情。暗思閒夢，何處逐雲行。

音釋：

勝：ㄕㄥ。

集評：

暗思閒夢，何處逐雲行。似此則婉轉纏綿，情深一往，麗而有則，耐人尋味。白雨齋詞評

好風頻謝落花聲三句，與顧敻玉樓春後段同意。**蒿廬詞綜**偶評

宗按：

「好風頻謝落花聲」，自是佳句；然不過佳句而已，以論全篇，仍有未至。至於「暗思閒夢，何處逐雲行」，意尚宛轉，終嫌辭費。以視「百草千花寒食路，香車繫在誰家樹？」韻味大減。蓋一語已足，何用「暗思」，何用「閒夢」，虛佔篇幅？使果如亦峯所云「麗而有則」，學者奉此以爲圭臬，滿紙空洞語，何有「耐人尋味」者乎？

更漏子 其一

秋色清、河影澹△深戶燭寒光暗△綃幌碧、錦衾紅⊙博山香炷融⊙　更漏咽△蛩鳴切△滿院霜華如雪△新月上、薄寒收⊙映簾懸玉鉤⊙

音釋：

河影：天河之影。〔剪燈餘話、田洙遇薛濤聯句記〕天空河影澹。節昉斗杓移。

宗按：

亦用題意。全篇寫景，前結溫馨，後結清寒，又非有意對比，終不辨其爲歡愉，爲慘戚也。

更漏子 其二

烟月寒、秋夜靜△漏轉金壺初永△羅幕下、繡屏空⊙燈花結碎紅⊙人悄悄△愁無了△思夢不成難曉△長憶得、與郎期⊙竊香私語時⊙

音釋：

燈花：燈心餘燼結爲花形、曰燈花。按漢書藝文志有占燈花術。〔一切經音義、十八引西京雜記〕陸賈曰：燈火花，得錢財。

宗按：

「燈花結碎紅」五字，造語尚佳。後半草草，至「長憶得」兩句，直是技短才窮。

女冠子 其一

碧桃紅杏△遲日媚籠光景△彩霞深⊙香暖熏鶯語、風淸引鶴音⊙翠鬟冠玉葉、

霓袖捧瑤琴⊙應共吹簫侶、暗相尋⊙

校記：

應共句，「簫」字吳本作「蕭」，非。

末句，王本「相」字作「香」，非。

宗按：

兒女情與方外境，「鶯語」「鶴音」兩句，尚能關合。

女冠子　其二

修蛾慢臉△不語檀心一點△小山妝⊙蟬鬢低含綠、羅衣澹拂黃⊙悶來深院裏、閒步落花傍⊙纖手輕輕整、玉鑪香⊙

音釋：

傍：ㄆㄤˊ。

集評：

香暖蟬鬢四語，俱絕對⊙而熏字引字，低含澹拂字，尤見精神。湯顯祖

宗按：

女冠憂鬱之情，於「不語」、「低含」、「悶」、「閒」諸字見之。「輕輕整」三字，亦寫無聊之狀，語仍欠工。

清平樂

春光欲暮△寂寞閒庭戶△粉蝶雙雙穿檻舞△簾捲晚天疏雨△含愁獨倚閨幃⊙玉爐烟斷香微⊙正是銷魂時節、東風滿樹花飛⊙

音釋：

閒：ㄒㄧㄢˊ。

集評：

東風六字精湛。白雨齋詞評

毛熙震詞如清平樂之蘊藉，後庭花之淒婉，豈與夫豐容曼睩競麗者比，菩薩蠻亦妙。栩莊漫記

宗按：

全詞骨肉停勻，情餘辭外，庶幾佳作。

南歌子 其一

遠山愁黛碧、橫波慢臉明。膩香紅玉茜羅輕。深院晚堂人靜，理銀箏。鬢動行雲影、裙遮點屐聲。嬌羞愛問曲中名。楊柳杏花時節，幾多情。

音釋：

茜：ㄑㄧㄢˋ，字亦作蒨。

集評：

風流蘊藉，媚而不妖。白雨齋詞評

宗按：

「鬢動行雲影，裙遮點屐聲，」語新而詞鍊。

南歌子　其二

惹恨還添恨、牽腸即斷腸⊙凝情不語一枝芳⊙獨映畫簾閒坐，繡衣香⊙　暗想爲雲女、應憐傅粉郎⊙晚來輕步出閨房⊙髻慢釵橫無力，縱猖狂⊙

宗按：

起筆兩句陋。餘亦輕俗。

河滿子　其一

寂寞芳菲暗度、歲華如箭堪驚⊙緬想舊歡多少事、轉添春思難平⊙曲檻絲垂金柳、小窗絃斷銀箏⊙　深院空聞燕語、滿園閒落花輕⊙一片相思休不得、忍教長日愁生⊙誰見夕陽孤夢、覺來無限傷情⊙

音釋：

思：ㄙˋ。閒：ㄒㄧㄢˊ。敎：ㄐㄧㄠ。

集評：

誰見夕陽孤夢二句稍有情味。栩莊漫記

宗按：

全文拙率，「夕陽孤夢」四字差勝。

河滿子 其二

無語殘妝澹薄、含羞嚲袂輕盈⊙幾度香閨眠過曉、綺窗初日微明⊙雲母帳中偷惜、水精枕上初驚⊙笑靨嫩疑花坼、愁眉翠斂山橫⊙相望只敎添悵恨、整鬟時見纖瓊⊙獨倚朱扉閒立、誰知別有深情⊙

音釋：

敎：ㄐㄧㄠ。閒：ㄒㄧㄢˊ。

校記：

幾度句，王本無「過」字，以有爲是。綺窗句，各本作「疏日」，依玄本作「初」勝。

宗按：

拙率。「幾度」四句差可。

小重山

梁燕雙飛畫閣前⊙寂寥多少恨、懶孤眠⊙曉來閒處想君憐⊙紅羅帳、金鴨冷沈煙⊙誰信損嬋娟⊙倚屏啼玉筯、濕香鈿⊙四肢無力上鞦韆⊙羣花謝、愁對豔陽天⊙

校記：

四肢句，毛本王本吳本「肢」字均作「支」，義同。

羣花句，「謝」字吳本作「榭」，非。

集評：

春思無限，而以愁對艷陽天點出，故是有致。栩莊漫記

宗按：

視前二首爲勝，後結殊佳。

定西番

蒼翠濃陰滿院、鶯對語、蝶交飛⊙戲薔薇⊙　斜日倚欄風好、餘香出繡衣⊙未得玉郎消息、幾時歸⊙

宗按：

前半風光淡蕩，後結歸到題面。「餘香」句從上文「風好」來，「出」字頗有致。

木蘭花

掩朱扉、鉤翠箔△滿院鶯聲春寂寞△匀粉淚、恨檀郎、一去不歸花又落△

對斜暉、臨小閣△前事豈堪重想着△金帶冷、畫屏幽、寶帳慵熏蘭麝薄△

音釋：

重：ㄔㄨㄥˊ。著：ㄓㄛˋ，本入聲。

翠箔：即簾箔，以竹葦編成之方簾也。

宗按：

「前事」句稍嫌空泛，末三句，一結委婉。

後庭花　其一

鶯啼燕語芳菲節。後庭花發。昔時歡宴歌聲揭。管絃清越。自從陵谷追遊歇。畫梁塵黦。傷心一片如珪月。閒鎖宮闕。

音釋：

黦：ㄩㄝˋ，黑也。

校記：

「後庭」各本作「瑞庭」，依詞律改。閒鎖二字宜去平，疑誤。

集評：

周密齊東野語稱毛詞新警而不爲儇薄。余尤愛其後庭花，不獨意勝，即以調論，亦有雋上清越之致。視文錫蔑如也。王國維

宗按：

小詞而大筆淋漓，遠勝以前諸作。

後庭花　其二

輕盈舞伎含芳艷△競妝新臉△步搖珠翠修蛾斂△膩鬟雲染△　歌聲慢發開檀點△繡衫斜掩△時將纖手勻紅臉△笑拈金靨⊙

集評：

堆綴麗字，羌無情致。栩莊漫記

宗按：

板重失靈。

詞中「競」、「膩」、「繡」、「笑」四字，均用去聲，以襯托四上韻，可見秘書於聲律漸細矣。惟「臉」字重韻，或有訛文。

後庭花　其三

越羅小袖新香蒨△薄籠金釧△倚欄無語搖輕扇△半遮勻面△　春殘日暖鶯嬌懶△滿庭花片△爭不教人長相見△畫堂深院△

校記：

第七句拗，恐誤，疑應作「教人爭不長相見」，無據，姑志於此。

宗按：

視前首靈動。

讀「半遮勻面」兩句，試想近時婦女側身綺席，出鏡合脂奩，修脣理睫之狀，情態宛然。

以「畫堂深院」四字斗結上文，省一「於」字，韻味轉長。讀者宜細味之。

酒泉子　其一

閒臥繡幃⊙惆想萬般情寵△錯檀偏、翹股重△翠雲欹⊙　暮天屏上春山碧△映香烟霧隔△蕙蘭心、魂夢役△斂蛾眉⊙

宗按：

「映香」句稍拙。

酒泉子　其二

鈿匣舞鸞⊙隱映艷紅脩碧△月梳斜、雲鬟膩△粉香寒⊙　曉花微斂輕呵展△褭釵金燕軟△日初昇、簾半捲△對妝殘⊙

校記：

「膩」「碧」二韻異部，無訛文，則借叶也。

簾半捲，「捲」字王本作「掩」，非，唐五代人開閉口韻不相混。

末句，各本作「對殘妝」，失韻，從詞律校改。

宗按：

匀整而之深意。

菩薩蠻　其一

梨花滿院飄香雪△高樓夜靜風箏咽△斜月照簾幃⊙憶君和夢稀⊙　小窗燈影背△燕語驚愁態△屏掩斷香飛⊙行雲山外歸⊙

音釋：

淒清怨抑。栩莊漫記

宗按：

花間豔詞多寫侵曉之景，故簾月窗燈，與鶯啼燕語同時並見。「屏掩斷香飛，行雲山外歸」，頗具想像。山非眞山，雲非眞雲，於「屏掩」「香飛」中得之耳。

菩薩蠻　其二

繡簾高軸臨塘看△雨翻荷芰真珠散△殘暑晚初涼⊙輕風渡水香⊙　無憀悲往事△爭那牽情思△光影暗相催⊙等閒秋又來⊙

音釋：

無憀：同「無聊」。

那：同「奈」。

思：ㄙˋ。**閒：**ㄒㄧㄢˊ。

集評：

等閒秋又來，無限怊悵。栩莊漫記

宗按：

正喜殘暑初涼，又驚秋到，即「待屈指西風幾時來，却不道流年暗中偷換」意。惜後起三句皆空泛語，未免辭費。

菩薩蠻　其三

天含殘碧融春色△五陵薄倖無消息△盡日掩朱門⊙離愁暗斷魂⊙　鶯啼芳樹暖△燕拂迴塘滿△寂寞對屏山⊙相思醉夢間⊙

音釋：

五陵：謂五陵附近，漢時豪俠少年聚集之地。按漢帝之五陵，謂長陵（高帝）、安陵（惠帝），陽陵（景帝）、茂陵（武帝）、平陵（昭帝）也，皆在長安。〔庾信華林園馬射賦〕六郡良家，五陵豪選。

薄倖：薄情也。〔杜牧遣懷詩〕十年一覺揚州夢，贏得青樓薄倖名。

宗按：

朱門中多怨婦，以五陵裘馬，皆浮薄少年也。

李秀才珣

三十七首

李珣字德潤。先世波斯人。蜀秀才。著有瓊瑤集若干卷。

附錄：

李珣字德潤，梓州人。昭儀李舜弦之兄也。珣以小詞爲後主所賞。嘗製浣溪沙詞有早爲不逢巫峽夢，那堪虛度錦江春。詞家互相傳誦。所作有瓊瑤集若干卷。十國春秋

陳垣回回教進中國源流考云：舊唐書李漢傳謂敬宗好治宮室，波斯賈人李蘇沙獻沈香亭子材，其後人有李珣及珣兄玹，而茅亭客話云：李四郎名玹，字廷儀，其先波斯國人。隨僖宗入蜀，授率府率。王衍納珣妹爲昭儀，而花間集僅稱爲李秀才，則珣並未爲顯宦也，所著瓊瑤集今不存，惟李時珍本草

綱目稱引其所作海藥本草，是珣兼通醫藥也。客話又稱其所吟詩，往往動人。國亡不仕，詞多感慨之音。是珣之人品亦佼佼者也。尹鶚嘗以詩嘲之云：異域從來不亂常。李波斯強學文章。假饒折得東堂桂。胡臭薰來也不香。嗟乎。五代十國之際，士人風骨掃地，有愧李波斯者多矣。珣妹舜弦亦能詩，隨駕青城詩曰：因隨八馬上仙山。頓隔塵埃物象間。只恐西追王母宴。却憂難得到人間。正復琅琅可誦。栩莊漫記

集評：

雜傳紛紛定幾人。秀才高節抗峨岷。扣舷自唱南鄉子，翻是波斯有逸民。
周之琦

李秀才詞清疏之筆，下開北宋人體格，宋人茅亭客話，稱李德潤亡國不仕，詞多感慨之音。漁父云：水接衡門十里餘。信船歸去臥看書。輕爵祿，慕玄虛。莫道漁人只爲漁。前調云。避世垂綸不記年。官高爭得似君閒。傾白酒。對青山。笑指柴門待月還。前調云：櫂警鷗飛水濺袍，柳隨潭面柳垂縚。終日醉。絕塵勞。曾見錢塘八月濤。定風波云：志在烟霞慕隱淪。功成歸有五湖春。一葉舟中吟復醉。雲水，此時方認自由身。花島爲鄰鷗作侶，深處，經年不見市朝人。已得希夷微妙旨，潛喜。荷衣蕙帶絕纖塵。又漁歌

子楚山，荻花二首，如右數闋，具見襟情高澹，故能晚節堅貞。曾見錢塘八月濤。殆所謂感慨之音乎。又定風波云：往事豈堪容易想。惆悵。故人迢遞在瀟湘。縱有迴文重疊意，誰寄？解鬟臨鏡泣殘妝。蓋寓故國故君之思，非尋常情語也。蕙風詞話

李德潤詞大氐清婉近端己，其寫南越風物，尤極眞切可愛。在花間詞人中自當比肩和凝而深秀處且似過之。如浣溪沙云：相見無言還有恨。幾迴拚却又思量。又暗思何事立殘陽。酒泉子云：秋雨連綿，聲散敗荷叢裏。那堪深夜枕前聽，酒初醒。皆詞淺意深，耐人涵詠。又如南鄉子諸首寫景物寫風俗，均以明淨之句，繪影繪聲，引人入勝。又如漁歌子，漁父，定風波諸詞，緣題自抒胸境，灑然高逸，均可誦也。花間詞人能如李氏多面抒寫者，甚鮮。故余謂德潤詞在花間可成一派而可介立溫韋之間也。栩莊漫記

浣溪沙　其一

入夏偏宜澹薄妝。越羅衣褪鬱金黃。翠鈿檀注助容光。　相見無言還有恨、幾回拚却又思量。月窗香逕夢悠颺。

校記：

越羅衣句，「褪」字吳本作「健」，非。

宗按：

艷而能清，疏而有致。

浣溪沙　其二

晚出閑庭看海棠。風流學得內家妝。小釵橫戴一枝芳。　鏤玉梳斜雲鬢膩，縷金衣透雪肌香。暗思何事立殘陽。

內家妝：卽宮妝。

集評：

暗思何事立殘陽，其妙在說不出。白雨齋詞評

前五句實寫，而結句一筆提醒，遂覺全詞俱化空靈，實者亦虛矣，此之謂筆妙。栩莊漫記

宗按：

落落大方，無忸怩態。

浣溪沙　其三

訪舊傷離欲斷魂。無因重見玉樓人。六街微雨鏤香塵。早爲不逢巫峽夢、那堪虛度錦江春。遇花沽酒莫辭頻。

音釋：

爲：ㄨㄟˋ。

校記：

「遇花」句，「沽」亦作「傾」，兩可。

集評：

李珣嘗製浣溪沙詞，有早為不逢巫峽夢，那堪虛度錦江春，詞家互相傳誦。十國春秋

無因重見玉樓人，故遇花沽酒莫辭頻，非曰及時行樂，實乃以酒澆愁，故其詞溫厚不儇薄。栩莊漫記

宗按：

無限感傷，出之蘊藉。

「六街」句一「鏤」字，頗見用心，讀者往往不察。

浣溪沙　其四

紅藕花香到檻頻。可堪閒憶似花人。舊歡如夢絕音塵。　翠疊畫屏山隱隱、冷鋪紋簟水潾潾。斷魂何處一蟬新。

宗按：

「似花人」由花香引起，可知回憶從嗅覺來，如此心情轉折，何等自然！顧惟善

感者有之耳。

「斷魂何處一蟬新」，情境交融，盡遺俗腐。

漁歌子　其一

楚山青、湘水綠△春風澹蕩看不足△草芊芊、花簇簇△漁艇棹歌相續△　信浮沈、無管束△釣廻乘月歸灣曲△酒盈樽、雲滿屋△不見人間榮辱△

音釋：

看：ㄎㄢ。

信：任也。

春風句「不」，ㄆㄨˊ，作平。

集評：

楚山三句，淡秀可愛。栩莊漫記

宗按：

「酒盈樽，雲滿屋」，自饒意境，視起筆六字爲勝。

漁歌子　其二

荻花秋、瀟湘夜△橋洲佳景如屏畫△碧煙中、明月下△小艇垂綸初罷△水爲鄉、蓬作舍△魚羹稻飰常餐也△酒盈樽、書滿架△名利不將心挂△

音釋：

夜：一丫ˋ。

橋洲：洲名，在湖南省長沙縣西湘江中。土多美橘，故名。

垂綸：垂釣也。

舍：ㄕㄚˋ，仍爲房舍義。

飰：同「飯」字。

也：一ㄚˇ。

宗按：

「書滿架」不如「雲滿屋」佳。白无咎鸚鵡曲云：「是個不識字漁父」，視飽讀詩書者更雅，蓋眞能做到「名利不將心挂」也。

漁歌子　其三

柳垂絲、花滿樹△鶯啼楚岸春山暮△棹輕舟、出深浦△緩唱漁歌歸去△罷垂綸、還酌醑△孤村遙指雲遮處△下長汀、臨淺渡△驚起一行沙鷺△

音釋：

醑：ㄒㄩˇ，美酒也。

校記：

鶯啼句，「山」亦作「天」。

集評：

詞雖緣飾題意，而風趣灑然，此首不作說明語尤佳也。栩莊漫記

宗按：

栩莊所見甚是。齋中有妓，心中無妓，方是高著，況齋中本無妓耶？「下長汀，臨淺渡」，語雖平泛，然此在漁父心中，地形水勢，無不了然，故不可以平泛論。

漁歌子　其四

九疑山、三湘水△蘆花時節秋風起△水雲間、山月裏△棹月穿雲遊戲△鼓清琴、傾淥蟻△扁舟自得逍遙志△任東西、無定止△不問人間醒醉△

音釋：

淥蟻：美酒也。〔張衡賦〕膠敷徑寸，浮蟻若萍。注：謂酒初熟，涬浮如蟻也。〔白居易問劉十九詩〕淥蟻新醅酒，紅泥小火爐。

校記：

末句，「問」字各本作「議」，依毛本王本吳本改。「議」字太著跡，且「醒醉」亦何用「議」也。

宗按：

不問醒醉，爲三閭大夫更下一轉語也。蓋不獨衆醉獨醒，無所用傷；卽歠醨餔糟，仍嫌多事。

古無飛行機，度月穿雲之樂，只有於水面得之。

巫山一段雲　其一

有客經巫峽、停橈向水湄⊙楚王曾此夢瑤姬⊙一夢杳無期⊙　塵暗珠簾捲、香銷翠幄垂⊙西風廻首不勝悲⊙暮雨灑空祠⊙

音釋：

巫峽：三峽之一。在四川省巫山縣東，湖北省巴東縣西。因巫山爲名，兩岸絕壁，舟行極險。

湄：水草交爲湄。

楚王：指楚懷王，見前注巫山雲雨條。

勝：ㄕㄥ。

宗按：

緣題寫巫山神女，初不異人。然行文暢朗，視拘牽補綴者，終高一著。

巫山一段雲 其二

古廟依青嶂、行宮枕碧流。水聲山色鎖妝樓。往事思悠悠。　雲雨朝還暮、烟花春復秋。啼猿何必近孤舟。行客自多愁。

音釋：

思：ㄙˋ。

朝：ㄓㄠ。

集評：

客子常畏人，酸語不減楚些。湯顯祖

啼猿二語，語淺情深，不必猿啼，行客已有自多愁，又況聞猿啼乎？白雨齋詞評

宗按：

仍爲神女祠而作，然遠勝前章。全詞字字精切，無懈可擊。起筆兩句分寫實景，第三句合寫，不嫌重沓。「妝樓」與「古廟」「行宮」，用語略分今昔，故以「往事」句爲小結。「往事」謂行雲入夢事，非尋常虛設之辭，便不落空。「朝還暮」與「春復秋」，同言時間，然一繫「雲雨」，一繫「烟花」，古今虛實，故自不同。至「啼猿」兩句，歸到作者自身，而以「行客自多愁」爲總結，推進一層，筆飛墨舞。

臨江仙　其一

簾捲池心小閣虛⊙暫涼閒步徐徐⊙芰荷經雨半凋疏⊙拂堤垂柳、蟬噪夕陽餘⊙

不語低鬟幽思遠、玉釵斜墜雙魚⊙幾回偷看寄來書⊙離情別恨、相隔欲何如⊙

音釋：

思：ㄙˋ。看：ㄎㄢˋ。

集評：

不了語作結，亦自有法。湯顯祖

宗按：

不脫花間窠臼，而韻味迴殊。

臨江仙　其二

鶯報簾前暖日紅⊙玉爐殘麝猶濃⊙起來閨思尚疏慵⊙別愁春夢、誰解此情悰⊙
強整嬌姿臨寶鏡、小池一朵芙蓉⊙舊歡無處再尋蹤⊙更堪廻顧、屏畫九疑峯⊙

音釋：

思：ㄙˋ。

集評：

德潤強起嬌姿臨寶鏡，小池一朵芙蓉，工于形容，語妙天下，世之笨詞，當以此爲換骨金丹。栩莊漫記

宗按：

「屏畫九疑峯」，似不相干。謂往事朦朧，疑雲疑霧，故以朦朧之境界作結，手法亦自殊勝。

南鄉子　其一

烟漠漠、雨淒淒⊙岸花零落鷓鴣啼⊙遠客扁舟臨野渡△思鄉處△潮退水平春色暮△

宗按：

夏始春餘景色，寥寥三語，亦足移人。

南鄉子　其二

蘭棹舉、水紋開⊙競攜藤籠採蓮來⊙廻塘深處遙相見△邀同宴△淥酒一卮紅上面△

音釋：

籠：ㄌㄨㄥˇ，上聲。

集評：

嬌態如是。白雨齋詞評

宗按：

寫風土，但未見特出。不知白雨齋何處見其嬌態也。

南鄉子 其三

歸路近、扣舷歌⊙採眞珠處水風多⊙曲岸小橋山月過△煙深鎖△荳蔻花垂千萬朶⊙

音釋：

扣舷：以手擊船舷也。船邊曰舷。

宗按：

眞珠荳蔻，略見南中風物。

南鄉子 其四

乘綵舫、過蓮塘⊙棹歌驚起睡鴛鴦⊙游女帶花偎伴笑△爭窈窕△競折團荷遮晚照△

集評：

競折圓荷遮晚照，生動入畫。栩莊漫記

宗按：

折荷遮日，隔水拋蓮，皆兒女采蓮常見之事，顧未有人寫出。至脫裙裹鴨，則不常見而更妙矣。

南鄉子 其五

傾綠蟻、泛紅螺⊙閒遊女伴簇笙歌⊙避暑信船輕浪裏△閒游戲△夾岸荔枝紅照水△

音釋：

紅螺：酒杯也。〔元稹詩〕牙籌記令紅螺盌〔陸游詩〕紅螺杯小傾花露；紫玉池深貯麝煤。

校記：

夾岸句，「照」亦作「蘸」，兩可。

集評：

夾岸荔枝紅照水，設色明蒨，非熟于南方景物不能道。栩莊漫記

宗按：

夾岸荔枝，的是南中風物，然綠蟻紅螺，用語不稱，嚴格言之，未始無趁韻之嫌。

南鄉子　其六

雲帶雨、浪迎風⊙釣翁廻棹碧灣中⊙春酒香熟鱸魚美△誰同醉△纜却扁舟篷底睡△

校記：

纜却句，「篷」或作「蓬」，誤，篷，船篷也。

集評：

帆底一樽，馬頭千里，亦自有榮辱。如此睡，彷彿希夷。湯顯祖

宗按：

「春酒」句拗，宜有訛文，無從訂正。「酒」字似可作「醪」。

「誰同醉」三字一問，以無人同醉耳；下句結以「纜卻扁舟篷底睡」，則逕不欲與人同醉矣，妙。

南鄉子 其七

沙月靜、水烟輕⊙芰荷香裏夜船行⊙綠鬟紅臉誰家女△遙相顧△緩唱棹歌極浦去△

音釋：

宗按：

棹歌：舟子之歌。〔漢武帝秋風辭〕簫鼓鳴兮發棹歌。

「芰荷香裡夜船行」，涼靜幽芳，兼備之矣。

結句亦拗，「極浦去」三字頗損調風，疑應作「歸極浦」，姑志于是。

南鄉子　其八

漁市散、渡船稀⊙越南雲樹望中微⊙行客待潮天欲暮△送春浦△愁聽猩猩啼瘴雨△

音釋：

聽：ㄊㄧㄥˋ。

集評：

啼瘴雨三字，筆力精湛，彷彿古詩。白雨齋詞評

宗按：

通篇寫越中風土，無一閒筆，末句尤悍。

南鄉子　其九

攏雲髻、背犀梳⊙焦紅衫映綠羅裾⊙越王臺下春風暖△花盈岸△游賞每邀鄰女伴△

音釋：

越王臺：〔番禺志〕越王臺在廣州越秀山上趙佗因山築臺，故名。

宗按：

明點越王臺而已，風物不足以烘托出色。

南鄉子　其十

相見處、晚晴天⊙刺桐花下越臺前⊙暗裏回眸深屬意△遺雙翠△騎象背人先過水△

音釋：

背：ㄅㄟ。

宗按：

騎象渡河，亦是廣南風土，他處所不見也。

李秀才南鄉子十首，各首最後兩字，皆著重去上，此中亦漏泄少許消息。

女冠子　其一

星高月午△　丹桂青松深處△　醮壇開⊙　金磬敲清露、珠幢立翠苔⊙　步虛聲縹渺、想像思徘徊⊙　曉天歸去路、指蓬萊⊙

音釋：

步虛聲：謂道士誦經聲也。〔李白題隨州紫陽先生壁詩〕步虛吟眞聲。〔注〕異苑：陳思王遊山，忽聞空裏誦經聲，清遠遒亮，解音者則而寫之，爲神仙聲，道士效之，作步虛聲。

思：ㄙˋ。

宗按：

「星高月午」四字，非尋常寫景，須與「醮壇」結合，見黃冠禮斗之儀。此女冠子之佳製，起筆高絕；繼以松桂，轉入幽深，醮壇開，三字點題，金磬兩句，鋪寫法儀。後起步虛聲裏，已覺離人境；想像句，又略示凡情；至「曉天歸去路，指蓬萊」，直上三清，非塵土中人所能攀仰矣。

女冠子　其二

春山夜靜△　愁聞洞天疏磬△　玉堂虛⊙　細霧垂珠珮、輕烟曳翠裾⊙　對花情脈○脈、望月步徐徐⊙　劉阮今何處、絕來書⊙

宗按：

同詠女冠，視前章遠遜矣。然對花望月一聯，亦尚不惡。

「愁聞」句「聞」字宜仄，疑「聽」字之誤。

酒泉子　其一

寂寞青樓⊙　風觸繡簾珠翠撼△　月朦朧、花暗澹△　鎖春愁⊙　　尋思往事依稀夢△　淚臉露桃紅色重△　鬢欹蟬、釵墜鳳△　思悠悠⊙

音釋：

前思字，ㄙ，後思字，ㄙˋ。

校記：

風觸句，「翠」亦作「碎」，作「翠」勝。

宗按：

瑕瑜互見。

酒泉子 其二

雨漬花零⊙紅散香凋池兩岸△別情遙、春歌斷△掩銀屛⊙　孤帆早晚離三楚△閒理鈿箏愁幾許△曲中情、絃上語△不堪聽⊙

音釋：

聽：ㄊㄧㄥ。

校記：

閒理句，晁本「鈿箏」作「箏鈿」，作「鈿箏」是。

宗按：

視前章又遜矣。

酒泉子 其三

秋雨聯緜、聲散敗荷叢裏、那堪深夜枕前聽⊙酒初醒⊙　牽愁惹思更無停⊙燭暗香凝天欲曙△細和煙、冷和雨△透簾旌⊙

音釋：

聽：ㄊㄧㄥ。**醒**：ㄒㄧㄥ。**思**：ㄙˋ。

校記：

末句旌字，王本吳本均作「中」，失韻。

燭暗句「曙」字，各本作「曉」，依詞律改爲「曙」與「雨」字叶。或以首句「繇」字，與後段「煙」爲韻，相隔太遠，不可從。

集評：

五代人小詞，大都奇艷如古蓄錦。惟李詞有以清勝者。如酒泉子秋雨聯綿。聲散敗荷叢裏。那堪深夜枕前聽。酒初醒。又秋月嬋娟。皎潔碧紗窗外。照花穿竹冷沈沈。印池心。……下開北宋體格者也。有以質勝者，西溪子云：歸去想嬌嬈。暗魂銷。中興樂云：忍孤前約。教人花貌。虛老風光。宋人惟吳夢窗能有此等麗句，愈質愈厚。蓋五代人已開其先矣。況周頤

宗按：

此首及後首，皆以首句爲主題——後首言「秋月」，此首則言「秋雨」也。自首句點明後，「聲散」句緊接，至「枕前聽」兩句小結，皆謂雨聲，後起「牽」「惹」、「透」等動詞，皆以「雨」爲主語，文理甚明。然後結有「冷和雨」三字，「雨」字重見，極是無理。此首文字有訛，各家訂正，皆從聲律着眼；如從文理看，「雨」字必爲「霧」字之訛也。

酒泉子 其四

秋月嬋娟、皎潔碧紗窗外、照花穿竹冷沈沈⊙印池心⊙〔霜〕凝露滴砌蛩吟⊙驚覺謝娘殘夢、夜深斜傍枕前來⊙影徘徊⊙

集評：

一意空翻到底，而點綴古雅，不強人意，似富於才而貧於學者。湯顯祖

宗按：

與前章同一機杼，特以「秋月」爲主耳，詞中「照」，「穿」，「印」，「驚」，「來」，「徘徊」，諸字，皆以「月」爲主語，讀者自明。後起首句準前章，必奪一字，如作三字兩句，聲文兩礙，疑「凝」字上落一「霜」字，姑註於此。

望遠行 其一

春日遲遲思寂寥⊙行客關山路遙⊙瓊窗時聽語鶯嬌⊙柳絲牽恨一條條⊙休暈

繡、罷吹簫⊙ 貌逐殘花暗凋⊙ 同心猶結舊裙腰⊙ 忍辜風月度良宵⊙

音釋：

思：ㄙˋ。聽：ㄊㄧㄥˋ。

集評：

蜀李珣詞望遠行云：休暈繡。罷吹簫。閨人刺繡，顏色濃淡深淺之間，細意熨貼，務令化盡針線痕迹，與畫家設色無異，謂之暈繡。此二字入詞絕新。又臨江仙云：強整嬌姿臨寶鏡。小池一朶芙蓉。妙絕形容，却無形容之迹，即是暈繡工夫。織餘續述

宗按：

緣題之作，於次句見之。

詞意平平，然文氣暢達，「暈繡」二字新，要於大局無補。

望遠行 其二

露滴幽庭落葉時⊙愁聚蕭娘柳眉⊙玉郎一去負佳期⊙水雲迢遞雁書遲⊙ 屏半掩、枕斜欹⊙蠟淚無言對垂⊙吟蛩斷續漏頻移⊙入窗明月鑒空幃⊙

集評：

明月鑒孤幃，自表孤貞，意在言外。栩莊漫記

宗按：

通篇匀整，但乏精警處。

菩薩蠻 其一

廻塘風起波紋細△刺桐花裏門斜閉△殘日照平蕪⊙雙雙飛鷓鴣⊙ 征帆何處客△相見還相隔△不語欲魂銷⊙望中烟水遙⊙

集評：

殘日照平蕪五字精絕秀絕。白雨齋詞評

音節淒斷。仝上

宗按：

景語勝於情語。

菩薩蠻　其二

等閒將度三春景△簾垂碧砌參差影△曲檻日初斜⊙杜鵑啼落花⊙　恨君容易處△又話瀟湘去△凝思倚屏山⊙淚流紅臉斑⊙

音釋：

思：ㄙˋ。

校記：

恨君句，王本「君」字作「去」非。

宗按：

換頭兩句，文氣欠順，恐有訛文，秀才不當如是也。

菩薩蠻　其三

隔簾微雨雙飛燕△砌花零落紅深淺△捻得寶箏調⊙心隨征棹遙⊙　楚天雲外路△動便經年去△香斷畫屏深⊙舊歡何處尋⊙

音釋：

動便：動輒，猶今言「動不動就……」。

集評：

菩薩蠻集中多而佳者亦不少。以此殿之，不爲貂續。湯顯祖

隔簾二句，即是落花人獨立，微雨燕雙飛藍本。栩莊漫記

宗按：

前結二句，極寫相思，寄意寶箏，空餘結想。

西溪子

金縷翠鈿浮動，妝罷小窗圓夢。日高時、春已老，人來到，滿地落花慵掃。無語倚屏風，泣殘紅。

宗按：

小詞清越可喜，結句亦溫婉。「人來到」三字，與下文齟齬，語亦不佳。恐「來」字係「未」字之訛。

虞美人

金籠鸚報天將曙，驚起分飛處。夜來潛與玉郎期，多情不覺酒醒遲，失歸期。

映花避月遙相送，膩髻偏垂鳳。卻迴嬌步入香閨，倚屏無語撚雲篦，翠眉低。

宗按：

艷不傷雅，曲而能達。

河傳　其一

去去△何處△迢迢巴楚△山水相連⊙朝雲暮雨△依舊十二峯前⊙猿聲到客船⊙
愁腸豈異丁香結△因離別△故國音書絕△想佳人花下、對明月春風⊙恨應同⊙

集評：

一氣舒卷，若斷若連，有水流花放之樂，結得溫厚。白雨齋詞評

李德潤河傳云：想佳人花下對明月，春風，恨應同。高竹屋齊天樂中秋夜懷梅溪云：古驛烟零，幽垣夢冷。應念秦樓十二。兩家用意略同。高詞傷格不可學。李詞則否。其故當細思之。餐櫻廡詞話

宗按：

此詞爲行客立言，故前云「依舊十二峯前」，惟所聞者，只「猿聲到客船」，歎戚大殊。後結四句，則行客想像「佳人」心境之辭。語意甚明。至高竹屋詞，則題面指明懷史梅溪，是竹屋想像梅溪於幽垣古驛間之心境，與此詞主客異勢，故遣辭微有不同，「傷格」云云，殊不可解。

河傳　其二

春暮，微雨，送君南浦，愁斂雙蛾。落花深處，啼鳥似逐離歌。粉檀珠淚和。臨流更把同心結，情哽咽，後會何時節。不堪廻首相望，已隔汀洲，艫聲幽。

集評：

昔閱片玉蘭陵王詞云：「回首迢遞便數驛。望人在天北。」愛其能描摹別緒，入木三分。使人誦之黯然魂銷。及閱李德潤不堪回首，相望已隔，汀洲，艫聲幽。正是一般寫法，乃知周詞本此也。栩莊漫記

聲情綿渺。以此結束花間，可謂珪璧相映。仝上

宗按：

河傳繁弦促柱，往往不能貫氣，而此首通篇暢達，已是難能。後結「不堪」以下十字，微嫌語滯，恐有訛文，亦未可知。

國家圖書館出版品預行編目資料

花間集

蕭繼宗評點校注. – 三版. – 臺北市：臺灣學生，1996.08
面；公分

ISBN 978-957-15-0771-2(平裝)

833.4　　85008506

花間集

評點校注　蕭繼宗
出版者　臺灣學生書局有限公司
發行人　楊雲龍
發行所　臺灣學生書局有限公司
地址　臺北市和平東路一段 75 巷 11 號
劃撥帳號　00024668
電話　(02)23928185
傳真　(02)23928105
E-mail　student.book@msa.hinet.net
網址　www.studentbook.com.tw
登記證字號　行政院新聞局局版北市業字第玖捌壹號
定價　新臺幣五五〇元

一九九六年八月三版
二〇二二年十二月三版二刷

83301

ISBN 978-957-15-0771-2 (平裝)